Matthias C. Müller
Alle im Wunderland

Matthias C. Müller

Alle im Wunderland

Verteidigung des
gewöhnlichen Lebens

Diederichs

FSC
Mixed Sources
Product group from well-managed
forests and other controlled sources
Cert no. SA-COC-001819
www.fsc.org
© 1996 Forest Stewardship Council

Verlagsgruppe Random House FSC-DEU-0100
Das FSC-zertifizierte Papier *EOS* für dieses Buch
liefert Salzer, St. Pölten

© 2010 Diederichs Verlag, München,
in der Verlagsgruppe Random House GmbH
Umschlaggestaltung: Weiss/Zembsch/Partner,
Werkstatt/München
unter Verwendung eines Motivs © plainpicture/Sauber
Druck und Bindung: CPI Moravia Books s.r.o., Pohorelice
Printed in Czech Republic
ISBN 978-3-424-35030-2

www.diederichs-verlag.de

Für meine Familie

Inhalt

*Die Verachtung unsrer Natur
ist ein Irrtum unsrer Vernunft.*

Marquis de Vauvenargues[1]

---

1 Luc de Clapiers, Marquis de Vauvenargues, in: Die französischen Moralisten, hg. und übersetzt von F. Schalk, Bd. 1,
München 1973, S. 188.

Vorwort

Ganz nah ist es, wie die eigene Haut, und bleibt doch
hinter Schleiern verborgen. Es gehört zum geheims-
ten Bezirk der menschlichen Existenz. Fast jeder Tag
murmelt einzig von ihm – selbst die Nächte lassen in
ihren Träumen nicht von ihm ab, doch bewusst wird
es fast nie.

Das gewöhnliche Leben.

Es ist diese unscheinbare Melodie im Hintergrund,
die in ihrer Diskretion, ihrem wiegenden Takt meist
unbemerkt bleibt, die mit einem Mal jedoch und un-
vermittelt fast sich in den Vordergrund spielt – und
dann fühlt man sich gezwungen, ihr auf eine Weise
das Ohr zu schenken, als hinge das Überleben von ihr
ab. Kaum finden wir uns in einem neuen Tag wieder,
schon werden wir von ihm mitgerissen, umsprudelt,
umfangen und wissen nicht, wie uns geschieht. Obwohl viele, überraschend viele, es verachten, ver-
schmähen und verspotten, zählt es zu den eindrucks-
vollsten und erstaunlichsten Erscheinungen.

Das gewöhnliche Leben.

Gerade weil viele vor ihm auf der Flucht sind, als
wäre es etwas Abscheuliches, werden wir es in dieser

Schrift verteidigen. Gerade weil viele aus ihm verschwinden möchten, als wäre es eine von Eintönigkeit geprägte Tyrannei, gerade deswegen wollen wir die Ansicht vertreten, dass es weder eintönig noch tyrannisch ist, sondern dass es in Wahrheit jenes ersehnte utopische Land ist, das die philosophierenden Geografen seit zweieinhalbtausend Jahren immerzu gesucht, doch nie gefunden haben.

Dieses Utopia, das wir hier verteidigen und stark machen wollen, ist das gewöhnliche Leben.

Wir werden also ein Fenster aufmachen und einen neuen Ausblick auf das Leben eröffnen. Wer das hier ausgebreitete Panorama in Augenschein nehmen möchte, dem wird nicht nur die Gelegenheit gegeben, Einsichten in manche unbewussten Mechanismen des Lebens zu nehmen, der kann auch zu tieferer Zufriedenheit mit sich und seinem Leben finden.

Warum aber muss das gewöhnliche Leben gerade heute verteidigt werden? Weil wir in einer Zeit leben, in der das Leben von mehreren Seiten her massiv unter Druck geraten ist. Auf wirtschaftlichem Gebiet beherrschen Hunger und Elend den Alltag in großen Teilen der Erde, beziehungsweise Nervosität und Furcht vor sozialem Absturz in anderen, während ein vergleichsweise geringer Anteil der globalen Population schier unermesslichen Reichtum verschleudert, verschwendet und verprasst. Die anonymisierte Globalisierung hat die nationalen Märkte wie mit Zauberhand entriegelt und schmiedet mit Hochdruck an der wirklichen Vereinigung der »Einen Menschheit« unter dem Hoheitszeichen des unendlichen Warenhandels. Im Dauerfeuer angefachter konsumistischer Appetite und reklamistischer Medienbehämmerung löst sich das Wertempfinden zusehends in Luft auf, und im Säurebad eines übersteigerten Egoismus und eines autistischen Abdriftens in virtuelle Welten geht das Mitgefühl lautlos flöten. Auf ökologischem Gebiet sehen wir, wie unsere globalen Wirtschafts- und Lebensstile unsere Umwelten mit schockierender Geschwindigkeit verwüsten, Ökosysteme ausradieren und Kulturlandschaften nicht nur optisch verschmutzen. Die telekommunikative Globalisierung birgt neben ihren immensen Chancen des echtzeitlichen Miteinanders auch weitreichende Gefahren – wenn ich überall und jederzeit erreichbar bin, wenn mein Allroundtelefon immer angeschaltet ist, dann kann ich nicht abschalten; sie führt auch zu einer virtuellen Zerstörung der Räume und der traditionellen Raumerfahrung: damit führt sie aber zu einer tiefen Verunsicherung von uns allen, weil unsere Selbsterfahrung auf elementare Weise an die Erfahrung stabiler Räume geknüpft ist. Und wo die Profiler und Headhunter in der Wettbewerbsarena, genannt »Die Erde«, nach den rentabelsten Mitarbeitern fahnden, da wächst der Druck auf die gesunden Arbeitsuchenden, nicht nur ihr Gesicht und ihren Körper liften zu lassen, sondern auch ihren Geist: Die neuropharmakologische Revo-

13

lution findet bereits in den besten Köpfen unserer Generation statt. Der Preis für diese rasende Entwicklung ist hoch, wir bezahlen mit notorischer Unzufriedenheit, mit der Ahnung, nicht zu genügen, mit der Furcht, nicht mitzukommen – wir bezahlen mit unserem seelischem Unglück.

Was bei alledem vergessen wurde und noch immer vergessen wird, ist die Frage nach dem Sinn des Ganzen. Warum und wozu leben wir? Welche Wünsche, welche Träume haben wir? Sind wir ins Leben geworfen, nur um rastlos zu arbeiten und ruhelos uns ständig an den neuesten Entwicklungen zu orientieren und uns nach ihnen auszurichten? Sind wir erzogen worden und aufgewachsen, nur um als nomadische Diener eines alles durchstrahlenden Systems unser Leben zu opfern? Wofür?

Wir gehen davon aus, dass die mit diesen Stichworten angerissene dramatische globale Lage auch die Frucht einer jahrtausendealten Diffamierung des gewöhnlichen Lebens ist. Überraschenderweise besagt eine unserer zentralen Pointen aber, dass es in anthropologischer Perspektive im Grunde gar keine Alternative zum gewöhnlichen Leben gibt. Wo das Leben gelingt, wird es immer gewöhnlich sein. Das gewöhnliche Leben – das ist die Einschulung, das ist der Seniorennachmittag, das ist Weihnachten und Ostern, das sind die Rituale wie Taufe und Beerdigung, wie Kaffeekochen und Joggengehen, das ist der Ärger über die Steuererklärung und das Glücksgefühl, wenn sie ausgefüllt und abgegeben ist, das ist die Straßenverkehrsordnung und das Plaudern mit der Gärtnerin auf dem Markt, das ist der Kummer, die Müdigkeit, die Sehnsucht, das ist der Handschlag, das Winken zweier Passanten, die sich kennen. Das gewöhnliche Leben, das sind wir mit unseren Freuden, Ängsten, Schwächen und Liebesbeweisen.

Es entfaltet sich aber nicht nur in halbwegs sicheren Grenzen, in stabilen Räumen, in der Familie, im Freundeskreis, im Frieden; das gewöhnliche Leben – das ist überhaupt erst die Voraussetzung für das Erscheinen einer bewussten Ich-Erfahrung und damit in gewisser Weise die Voraussetzung für das Erscheinen von uns selbst. Wo ich mich bewusst erlebe, da hat mich ein stabiler Raum dazu gemacht, nämlich das gewöhnliche Leben. Die Gewöhnlichkeit ist unser aller Ursprung.

Nur wenn wir das begreifen und akzeptieren, dann hören wir mit dem Hetzen und Hasten auf, dann lassen wir die Herabsetzung unserer Gegenwart sein, und wir bemerken, dass wir bereits längst dort sind, wo wir schon immer sein wollten: mitten im Leben.

Kapitel 1

Das gewöhnliche Leben – was ist das?
Eine Annäherung

Was Heraklit über die Natur sagt, nämlich dass sie es liebe, sich zu verbergen[2], das gilt ebenso für das gewöhnliche Leben. Doch paradoxerweise zeigt sich die Verborgenheit des gewöhnlichen Lebens gerade darin, offensichtlich zu sein – und gerade in dieser Offensichtlichkeit ist sie nicht jedem offen sichtbar. Das gewöhnliche Leben gleicht einem Brief, in dem eine frohe Botschaft über das Rätsel des Lebens steht, einem Brief, den die Menschen überall suchen, ohne zu sehen, dass er direkt vor ihrer Nase liegt.

Wir erklären mit schwungvollem Strich, dass dieses Leben in seinem Auf und Ab, mit seinen lustvollen und angenehmen Seiten wie mit seinen schmerzlichen und unangenehmen Kehrseiten praktisch schon das ganze Leben ist. Wer das gewöhnliche Leben ge-

---

2 Heraklit, Fragment 123, »physis kryptesthai philei«, in: Diels, H./Kranz, W. (Hrsg.): Die Fragmente der Vorsokratiker, Bd. 1, Hildesheim 2004.

ring schätzt und glaubt, das wahre Leben komme erst irgendwann in einer nahen oder fernen Zukunft, der nimmt das sinnlose Risiko auf sich, sein vorhandenes Leben unwiederholbar zu verlieren. Das Ausmaß, in dem wir mit unserem Leben zufrieden sein können, steht in unmittelbarem Zusammenhang mit der täglichen Verinnerlichung dieser philosophischen Intuition. So bringt gerade die Überlegung, dass das gewöhnliche Leben schon das ganze Leben sei, für den Leser eine ungewöhnliche existenzielle Herausforderung mit sich, die ihn womöglich dazu motiviert, einen neuen Blick auf sein eigenes Dasein zu werfen. Mit diesem neuen Blick wird er die einseitigen Fokussierungen auf Zukunft und Vergangenheit überwinden und erleichtert erkennen können, dass die Webkammern des Lebens vor allem die Webkammern der Gegenwart sind.

Weitergehend präsentieren wir philosophische Argumente für die zeitgemäße und humorvoll zu begreifende Parole, dass jeder Mensch das gewöhnliche Leben emphatisch erfassen und genießen sollte. Und wir begründen, inwiefern es für den Genuss des Lebens nicht darauf ankommt, brillierend sein zu wollen, sondern vielmehr darauf, *ein unauffälliges Leben* zu führen. In diesem Zusammenhang ergibt die Unterscheidung in ein gutes gewöhnliches Leben und in ein schlechtes gewöhnliches Leben Sinn. Jenes erweist sich als eines, das einem selbst keinen Schaden zufügt und zugleich andere schmerzempfindliche Lebewesen schont. Sollte es einem zudem gelingen, dieses gute gewöhnliche Leben bewusst zu genießen und sich an ihm zu erfreuen, so wird es zugleich das süße Leben sein. Ausgelöst wird die Fähigkeit zum bewussten Genießen nicht zuletzt durch die Erkenntnis der eigenen Sterblichkeit sowie die Erkenntnis der unermesslichen Größe des Universums, in dem sich die verletzliche Erde in ihrer ganzen Unwahrscheinlichkeit befindet. Das schlechte gewöhnliche Leben hingegen erweist sich als eines, das einem selbst Schaden zufügt oder andere schmerzempfindliche Lebewesen verletzt, unabhängig von der Frage, ob derjenige, der es führt, von der eigenen Sterblichkeit und von der Größe des Universums weiß.

Widerspruch von außen und innen war bis dahin
sein ganzes Leben.
Karl Philipp Moritz[3]

Wir stellen im Rahmen einer philosophischen und neurowissenschaftlichen Perspektive dieses gewöhnliche Leben auch als dasjenige dar, welches sich zu allererst innerhalb einer intakten Umgebung erfährt, sich innerhalb eines intakten Raumgefüges entfaltet. Dabei ist ein Leben innerhalb funktionierender Grenzen und Zäune zugleich eines, das sich in einer dyna-

---

3 Karl Philipp Moritz, Anton Reiser. Ein psychologischer Roman, Frankfurt am Main 1979, S. 332.

mischem Spannung zwischen dem eigenen Innenraum und dem fremden Außenreich befindet.

Spannung zwischen innen und außen besagt: Indem ich mich in einem Innenraum erlebe, zum Beispiel tagsüber im Büro oder abends in einem übertragenen Innenraum wie dem Familienverbund, stehe ich zugleich und in unterschiedlichen Intensitätsgraden unter Spannung: zwischen Innenraum (da, wo ich bin) und Außenraum (dort, wo ich nicht bin, worauf ich mich aber aufgrund meiner Abgrenzung automatisch beziehe). Ohne Außenraum kein Innenraum; ohne Innenraum kein Außenraum.

Der Innenraum ist nie unwiderruflich vor den Kräften des Außenraums geschützt. Der Mensch, der sich mit seinem Innenraum identifiziert, muss sich ständig neu an wechselnde Vorfälle, die sich im Außenraum ereignen und Einfluss auf den Innenraum nehmen, anpassen, und er muss auf sie schnell reagieren und sich dabei stabilisieren; etwa wenn ein tollwütiger Fuchs, durch das Gemüsebeet meines Gartens irrend, plötzlich auf die geöffnete Terrassentür zusteuert, oder wenn der Einbrecher unversehens vor dem Fenster erscheint und ungeachtet meiner Anwesenheit im Zimmer es mit einem Ruck aus dem Rahmen hebelt.

Diese Begabung des Menschen, sich immer neu an wechselnde Situationen anpassen zu können, macht ihn einerseits zum weltoffenen Wesen, zeichnet ihn andererseits aber als weltabwehrendes Wesen aus, insofern er jederzeit bereit sein muss, die aus dem Außenraum auf den Innenraum und damit auf ihn gerichteten und ihn potenziell gefährdenden Bewegungen von sich fernhalten zu können. Bisweilen tritt er zugleich als weltabwehrendes und weltoffenes Wesen in Erscheinung, zum Beispiel wenn er ein sich auf ihn stürzendes Tier abwehrt und tötet und es anschließend auf dem Grill röstet und verspeist.

Die im Laufe unserer Evolution entstandene Fähigkeit, ein Bewusstsein unseres Bewusstseins entwickeln zu können, beraubt uns Menschen zugleich des Schutzes einer durchgängigen Naivität. Wir können nicht darüber hinwegsehen, dass unsere Existenz im Grunde haltlos ist angesichts der Unermesslichkeit des Universums. Dieser Essay wendet dieses Unvermögen ins Positive und erinnert an die sich jedem Menschen eröffnende lebenspraktische Möglichkeit, die unmittelbar und umfassend auf uns einwirkenden Stimmungen des Lebens durch einen einfachen Perspektivenwechsel aufzubrechen: nämlich mithilfe des virtuellen Blicks aus dem Weltall auf die Erdkugel. Man könnte diesen Blick den kosmischen Blick nennen. Wenn man sich in einer kontemplativen Minute eine jener am 20. Juli 1969 von den Apollo-11-Astronauten vom Mond aus gemachten Aufnahmen der Erde vor Augen führt, dann mag den Betrachter durchaus ein Staunen ergreifen. Der kosmische Blick auf die Erdkugel kann uns dabei unterstützen, die Unmittelbarkeit des gewöhnlichen Lebens abzuwehren und die Dringlichkeit des gewöhnlichen Lebens durch diese distanzierende und existenzielle Maßnahme in einen weiteren räumlichen und zeitlichen Zusammenhang einzuordnen. So wie wir die Erde virtuell vom Weltall aus erblicken können, so möchten wir in diesem Essay das gewöhnliche Leben auch von einem distanzierten Blickpunkt aus beschauen und ungewöhnliche Aspekte an ihm näher betrachten. So gesehen ist für uns der kosmische Blick zugleich eine Metapher für jede philosophische, distanzierte Betrachtung gewöhnlicher Phänomene.

Zusammengefasst: Das behauptete Wunderland unseres Lebens ist mindestens ein dreifaches. Es ist aus philosophischer Perspektive zunächst das Wunder, dass es das gewöhnliche Leben überhaupt gibt, das Leben in seinem Auf und Ab, mit seinen Ritualen und Festen, seinen Ordnungen und seinen kulturellen Codes, seinen Freuden- und Trauerfeiern, das ganz alltägliche Leben, das wir immer schon führen und in dem wir uns geradezu schlafwandlerisch auskennen. Es ist sodann aus neurowissenschaftlicher Perspektive das Wunder, dass wir dank eines funktional weit entwickelten Gehirns bewusste, voneinander abgegrenzte Innen- und Außenwelten entwerfen können, was überhaupt das bewusste Erleben eines Ichs und darüber hinaus das gewöhnliche Leben ermöglicht, das sich ohne sichere Grenzen nie entfalten könnte. Und schließlich ist das Wunderland aus kosmischer Perspektive jener Ort, an dem wir es führen, nämlich unsere Erdkugel. Wir haben beides gleichzeitig: Heimat in der Welt und Heimatlosigkeit auf der Erde. Es wäre sinnlose Zeit- und Kraftverschwendung, aus dem gewöhnlichen Leben an diesem ungewöhnlichen Ort emigrieren oder gar flüchten zu wollen. Es kann einzig darauf ankommen, das halbwegs freie, halbwegs von Zwängen geprägte, halbwegs bekannte, halbwegs unbekannte, einmalige Leben *intensiv* zu genießen.

Während in Lewis Carrolls Kinderbuchklassiker »Alice im Wunderland« die junge Titelheldin in ein Kaninchenloch springen muss, um den Weg ins Wunderland anzutreten, besteht eine Pointe unseres Essays in der These, dass die Menschen nicht in ein Kaninchenloch springen müssen, um ins Wunderland zu kommen, sondern dass bereits von Anfang an »Alle im Wunderland« sind.

Das Bewusstsein des ungewöhnlichen Ortes, an dem das gewöhnliche Leben stattfindet, die rotierende Erdkugel in den Weiten des Universums, kann die alltägliche Interpretation des Lebens also durchdringen und kolorieren. Das gewöhnliche Leben erhält dadurch einen fast übersinnlichen Glanz und eine ganz eigene Wertschätzung. Dabei besteht es aus einer Reihe von gewöhnlichen Tagen, die von Feiertagen rhythmisiert werden. Der Feiertag ist das »Andere« des Alltags. Feiertage sind ursprünglich überirdische, metaphysische Gedenktage, insofern die Menschen an diesen Tagen ihrem Gott, ihren Göttern oder sonst einer höheren Macht, die für alles verantwortlich zeichnen soll, dankten und bisweilen noch heute danken. Zum Teil verblassten die göttlichen Feiertage oder es wurden nichtreligiöse Gedenktage eingeführt. Wo kein Gott ein Volk vorgeblich ins Leben gerufen oder zu *seinem* erwählt hat, muss es sich seiner Unabhängigkeit, seiner Einheit, seiner Revolution an Gedenktagen versichern. Es erinnert sich dabei daran, wer es ist, wo es herkommt und was es nie vergessen darf.

Wir können den Begriff Alltag in unserem Zusammenhang auch als den Tag verstehen, der buchstäblich im All stattfindet. So betrachtet ist jeder Tag ein All-Tag. Jeder Tag ist ein Anlass zum Staunen darüber, dass wir ihn tatsächlich erleben – wir *Kosmopoliten*, und das heißt wörtlich übersetzt: wir *Allbewohner*. Wir brauchen nicht ins All zu fliegen, wir sind längst dort.

Kapitel 2

Gewöhnlich versus ungewöhnlich – Angriffe auf die gewöhnlichen Menschen

Wer auf sich hält, scheint dem Rechte entsagt
zu haben, andre gering zu schätzen.
Und was sind wir denn alle, daß wir uns viel
erheben dürfen.
Goethe[4]

Eine Verteidigung des gewöhnlichen Lebens hat nur Sinn, wenn dieses auch wirklich angegriffen wird. Aber wer oder was greift es überhaupt an? Angegriffen wird der nichtextravagante Mensch von zwei Seiten. Zum einen diffamiert eine historisch gewachsene Abwertung jede Form von Gewöhnlichkeit; zum anderen greift der aktuelle Zeitgeist an, der permanent suggeriert: Du bist nicht gut genug.

---

4   Johann Wolfgang Goethe, Gedenkausgabe, Werke, Briefe und Gespräche, hg. von Ernst Beutler, Zürich und Stuttgart 1950–1971, Bd. 18, S. 924.

In diesem Essay verzichten wir auf eine detaillierte Geschichte dieser Abwertung und begnügen uns mit wenigen Stichworten: Die Abwertung zeigt sich in der Regel indirekt – nämlich in der Geringschätzung jener Menschen, die ein gewöhnliches Leben führen. Sie rührt von Profilen her, die sich von »gewöhnlichen« Menschen abgrenzen. Die Unterscheidung folgt dabei stets demselben Grundmuster, der Unterscheidung in (formal gesprochen) die Wenigen und die Vielen bzw. (inhaltlich gesprochen) in die Wissenden und die Unwissenden.

In demokratisch verfassten Gesellschaften kehrt sich diese Unterscheidung zum Teil wieder um, nicht zuletzt in digitalen Netzwerken. Dort deuten sich die Teilnehmer als die Wissenden und sprechen, sich selbst schmeichelnd, von der »Weisheit der Vielen«[5] und von »Schwarmintelligenz«[6] – dem vorgeblich verständigen Gesamtverhalten eines Schwarms, etwa von Fischen, oder einer Gruppe, etwa von Menschen. Bei der Bewertung von Sachverhalten gilt dabei in der Regel dasjenige als gut, was von den Nutzern beim abstimmenden Votieren die meisten Stimmen erhält.

---

5 Vgl. etwa James Surowiecki, The Wisdom of Crowds. Why the Many Are Smarter Than the Few and How Collective Wisdom Shapes Business, Economies, Societies and Nations, New York 2004.
6 Pierre Lévy, Die kollektive Intelligenz. Für eine Anthropologie des Cyberspace, Mannheim 1997.

Historisch aktenkundig werden diese Unterscheidungen als Unterscheidungen zwischen den Esoteri-
kern und den Exoterikern, den Eingeweihten (den
Priestern) und den Uneingeweihten (den Laien), den
Heiligen und den Sündern (auch: den Gottmenschen
und den Normalsterblichen), den Weisen und den
Dummen, den Edlen und den Gemeinen, den Aufklä-
rern und den Unaufgeklärten, den Intellektuellen
und der »Canaille« (Voltaire), den Wissenschaftlern
und dem Publikum, den Revolutionären und den Un-
einsichtigen, den Regierenden und dem Pöbel (dem
Mob), den Führern und den Untertanen, der Avantgarde und den Spießbürgern, den Künstlern und den
Normalverbrauchern, den Leistungsträgern und den
Transferempfängern, den Eliten und den Massen, den
Talenten und den Untalentierten, den Marktstrategen
und den Konsumenten, den Spitzensportlern und den
Zuschauern[7] etc.

Für Platon (427–347) gilt es als ausgemacht, dass
die Vielen von der Wahrheit gar nichts wissen wollen
und den zu Wissen gelangten Menschen eher tot-
schlagen als ihm folgen würden (so im Höhlengleich-
nis im 7. Buch des »Staats«[8]). Das Christentum entfal-

---

7 Einer Auslegung Peter Sloterdijks zufolge hat die moderne Gesellschaft die Heiligen durch die Spitzensportler und die sündige
   Mehrheit durch die Zuschauer ersetzt, in: Peter Sloterdijk, Die Verachtung der Massen. Versuch über Kulturkämpfe in der modernen Gesellschaft, Frankfurt am Main 2000, S. 79.
8 Vgl. Platon, Der Staat, Griechisch und Deutsch, nach der

tet seine galante Verachtung der diesseitigen Welt über Jahrhunderte hin in mannigfachen Traktaten. Der westislamische Aristoteliker Mohammed ibn Ruschd, bekannt als Averroës (1126–1198), will die »Massen« vom Studium abhalten und dieses nur den »Wenigen« vorbehalten.[9] Leonardo da Vinci (1452–1519) kann in den meisten Menschen, dem »großen Haufe« (Luther), wenig mehr erkennen als »Füller von Abortgruben«.[10] Georg Wilhelm Friedrich Hegel (1770–1831) hält die Philosophie für »etwas Esoterisches« und nicht für »den Pöbel gemacht«.[11] Sein idealistischer Bruder im deutschen Geist, Johann Gottlieb Fichte (1762–1814), macht vom Hochstand seines Berliner Lehrpults deutlich, dass die Menschen unter ihren Möglichkeiten bleiben, das »wahre Leben« verpassen und im »scheinbaren Leben« verbleiben.[12]

Es ist allerdings Friedrich Nietzsche (1844–1900) vorbehalten geblieben, die Verhöhnung des »Pöbels«

Übersetzung von Friedrich Schleiermacher, Sämtliche Werke V, Frankfurt am Main 1991.

9 Vgl. Averroës, Die entscheidende Abhandlung und die Urteilsfällung über das Verhältnis von Gesetz und Philosophie, Hamburg 2009.

10 Zitiert nach: Peter Sloterdijk, Die Verachtung der Massen, a. a. O., S. 32.

11 Georg Wilhelm Friedrich Hegel, Einleitung. Über das Wesen der philosophischen Kritik überhaupt und ihr Verhältnis zum gegenwärtigen Zustand der Philosophie insbesondere, in: Werke, Band 2, Frankfurt am Main 1977, S. 182.

12 Siehe etwa Johann Gottlieb Fichte, Die Anweisung zum seligen Leben oder auch die Religionslehre, Berlin 1806.

zum Gipfel gebracht zu haben. In »Also sprach Zarathustra« malt er eine düstere Vision des zukünftigen und vermeintlich »letzten Menschen« ans Firmament seiner Menschheitsgeschichte.

> »Wehe! Es kommt die Zeit, wo der Mensch keinen Stern mehr gebären wird. Wehe! Es kommt die Zeit des verächtlichsten Menschen, der sich selbst nicht mehr verachten kann. Seht! Ich zeige euch *den letzten Menschen*. ›Was ist Liebe? Was ist Schöpfung? Was ist Sehnsucht? Was ist Stern‹ – so fragt der letzte Mensch und blinzelt.«[13]

Der letzte Mensch, das ist nicht nur der vom Konsumismus bis in die letzte Faser durchformte Zeitgenosse, sondern das ist auch im übertragenen Sinn *der Letzte*, im Sinn von: »das Allerletzte«. Nietzsche lässt den Pressesprecher seiner Philosophie, den persischen Bergprediger Zarathustra, über diesen verächtlichsten Menschen kräftig spotten, der in seiner verachtenswerten Ambitionslosigkeit nicht einmal mehr die Ambition spürt, sich seiner Ambitionslosigkeit wegen selbst zu verachten. Dieser letzte Mensch will weder Neues erschaffen noch sehnt er

---

13 Friedrich Nietzsche, Also sprach Zarathustra, Kritische Studienausgabe (KSA), Bd. 4, hg. von Giorgio Colli und Mazzino Montinari, München ²1988, S. 19.

sich irgendwohin, ja, er versteht nicht einmal die mit diesen Verben verbundenen Zustände. Er blinzelt nur. Ihm genügen seine täglich beschafften Portionen an kleinen »Lüstchen«. Alles, was darüber hinausgeht, interessiert ihn nicht. Er kann nicht nachvollziehen, dass irgendjemand irgendetwas erreichen möchte, dass man mit sich unzufrieden sein kann und sich verbessern und für Ideale ins Zeug legen soll.[14]

Betrachten wir die kurz vor dem »Zarathustra« entstandene »Fröhliche Wissenschaft«, dann wird eine ursprüngliche feine Unstimmigkeit im Konzept des letzten oder vielmehr des gemeinen Menschen deutlich. Denn kommt der letzte Mensch im »Zarathustra« nicht mehr über ein bloßes Blinzeln hinaus, so präsentiert sich sein verwandter Bruder der »Fröhlichen Wissenschaft«, der »gemeine« Mensch, durchaus noch als einer, der nach Herzen verachten kann: nämlich den von Ambitionen bewegten Menschen. Nietzsche: Die »gemeinen Naturen« »verachten ihn in seiner Freude und lachen über den Glanz seiner Augen«.[15]

Aber warum und wie kann dieser gemeine Mensch

---

14 Über den Menschen als Übenden vgl. Peter Sloterdijks umfassende kulturgeschichtliche Aufarbeitung in: P. Sl., Du mußt dein Leben ändern. Über Anthropotechnik, Frankfurt am Main 2009.
15 Friedrich Nietzsche, Die fröhliche Wissenschaft (»la gaya scienza«), KSA, Bd. 3, S. 374.

überhaupt die Ambition aufbringen, den Ambitionierten (den Edlen) zu verachten? Wenn der gemeine Mensch den Ambitionierten verachtet, dann ist er eben nicht zur Gänze ambitionslos und daher auch nicht zur Gänze gemein; seine Ambition ist es, dem Ambitionierten zu zeigen, dass er nichts von dessen Ambitioniertsein hält. Folglich setzt sich der gemeine Mensch auf durchaus ambitionierte Weise vom Ambitionierten ab – und man darf sagen: Beide erscheinen je auf ihre Weise als ambitionierte Wesen. Der eine ist ambitioniert, den Ambitionierten zu verachten, der andere ist ambitioniert, den Ambitionslosen für die ihm zugeschriebene Ambitionslosigkeit zu verachten. Beide sind Brüder im Geiste der Ambition. Aufgrund dieser feinen Unstimmigkeit im Konzept des gemeinen Menschen zeigt sich eine logische Konsequenz darin, dass Nietzsche im »Zarathustra« den »gemeinen«, noch ambitionierten Menschen in den »letzten«, nun ganz ambitionslosen Menschen verwandelte, der nicht mal mehr zumindest ein bisschen verachtet, sondern nur noch blinzelt.

Martin Heidegger (1889–1976) führte als inspirierter Leser Nietzsches in dem berühmt gewordenen Paragrafen 27 seines epochemachenden Werks »Sein und Zeit« eine Analyse des uneigentlichen und eigentlichen Daseins von Menschen durch. Das gewöhnliche Dasein wäre, insofern wir unsere hier so bezeichnete Daseinsform des Gewöhnlichen auf Heideggers

Begriffe übertragen, ein Dasein in der Form des Uneigentlichen oder in der Form des »Man«; das ungewöhnliche Dasein hingegen wäre ein Dasein in der Eigentlichkeit bzw. in der Entschlossenheit zu dieser Eigentlichkeit. Das Muster »ambitionsloses gegen ambitioniertes Dasein« ist auch hier dasselbe. Die Vielen leben so, wie »man« lebt, ohne ihre Möglichkeiten zu erkennen und vor allem ohne ihre *eigenen* Möglichkeiten entschieden zu wählen. Dabei wird die Entscheidung für das *Eigene* nach Heidegger erst mithilfe einer existenziellen Umleitung, des »Vorlaufens zum Tod«, und einer damit einhergehenden, tief greifenden Erfahrung getroffen. Es handelt sich um die Angst vor dem Tod als der drohenden Nichtexistenz. Darin zeigt sich auf eine im doppelten Sinn *unheimliche* Weise, dass wir in der Welt nicht zu Hause sind, dass wir in ihr nie ein Haus bauen werden und nie ein Heim unser Eigen nennen werden können. Im Tod bleibt jeder Mensch für sich, jeder Mensch stirbt seinen Tod allein. Gerade in dieser Erkenntnis aber zeigt sich, dass es – letztlich – auf nichts ankommt als auf sich selbst.

Zunächst jedoch leben wir nach Heideggers Analyse immer im Modus des Man, das manhafte Leben ist sozusagen der erste Lebens-Anzug, den *jeder* Mensch via evolutionärer Prägung und Erziehung angezogen bekommt. Der Man-Anzug entspricht dem natürlichen Dresscode aller Menschen. Egal, wo wir stehen und gehen, egal, ob wir sitzen oder schwitzen, egal, ob Mann oder Frau, wir begegnen uns im selben Anzug, Marke Man. Er sitzt bequem. Dass wir alle im Man-Anzug umhergehen, ohne zunächst zu bemerken, was wir tragen, das macht die »eigentliche Diktatur«[16] des Man aus. Das Man ist sozusagen unser Führer, der insgeheim immer schon befohlen hat und dem wir immer schon, ohne es zu wissen, gefolgt sind.[17]

Auch Theodor W. Adorno (1903–1969) konstatiert in seinem Aphorismen-Abgesang »Minima Moralia« vor dem Hintergrund der angeblich durchverwalteten Lebenswelt: »Es gibt kein richtiges Leben im falschen.«[18] Dieser Schlusssatz eines längeren Gedankens ist längst in den Rang der gesellschaftsfähigen Schlagsätze der Philosophie des 20. Jahrhunderts befördert und bringt zum Ausdruck, dass dort, wo der allgemeine Lebenskontext schon grundfalsch ist, das besondere Leben nicht richtig sein kann. Entscheidend ist, dass Adornos Satz das gewöhnliche Leben bereits insofern abwertet, als es in ihm gar nicht auftaucht: Für ihn gibt es lediglich das Leben in der scheinbaren Allgegenwart des verwaltenden, kapita-

---

16 Martin Heidegger, Sein und Zeit, Tübingen [7]1993, S. 126.
17 Es ist die überhaupt nicht komische Ironie der Heidegger'schen Lebensgeschichte, dass er sechs Jahre nach Erscheinen von »Sein und Zeit« im Jahr 1927 sich entschlossen einem anderen »Führer« zuwenden zu müssen glaubte.
18 Theodor W. Adorno, Minima Moralia. Reflexionen aus dem beschädigten Leben, Frankfurt am Main 2008, S. 59.

listischen, alles vernutzenden Systems. Dass es aber selbst in dieser angenommenen Systemallgegenwart womöglich so etwas wie das gewöhnliche Leben geben kann, liegt jenseits des Satzhorizonts. Und dass sich Menschen jenseits bestimmter, von ihnen nicht beeinflussbarer Bedingungen nicht nur an einem bestimmten Richtigen orientieren können (also am eigenen Leben und Überleben, an einer zufriedenstellenden Lebensführung und am friedlichen sozialen Miteinander), sondern dieses so beschriebene Leben auch wirklich führen und erleben können, liegt ebenfalls außerhalb dieses Theorieradars.

Auf literarischer Seite hat auch Lewis Carroll mithilfe von »Alice im Wunderland« ins Abwertungshorn geblasen:

> So saß sie [die ältere Schwester von Alice, *M.M.*] mit geschlossenen Augen da und glaubte sich halb ins Wunderland versetzt [Alice hatte ihr soeben davon erzählt, *M.M.*]; und dabei wußte sie doch recht gut, daß sie sich nur umzublicken brauchte, und alles würde wieder langweilig und wirklich werden: Das Geraschel im Gras kam nur vom Wind, nur das Schilf plätscherte im Teich, aus dem Geklirr der Teetassen würde das Klingeln der Schafschellen werden und aus dem Gekeif der Königin die Stimme des Hüterbuben – das niesende Baby und der schreiende Greif würden sich

wieder, das wußte sie genau, in den verworrenen Lärm drüben von dem Bauernhof verwandeln – und die muhenden Kühe in der Ferne wären alles, was von dem Geschluchz der Falschen Suppenschildkröte übrigbliebe.[19]

Man muss die Gefühle der Schwester zwar ernst nehmen und für authentisch halten – »alles würde wieder langweilig und wirklich werden«, drehte sie den Kopf nur zur Seite. Und das, was sie dann sähe, wäre eben das für sie Gewöhnliche, das in ihren Augen so langweilig und wirklich ist. Wir wollen fantasierte, fantastische, fiktionale oder virtuelle Welten hier nicht problematisieren oder gar abwerten. Im Zentrum unserer Überlegungen steht allerdings eine umfassende Betrachtung und eine daraus sich entwickelnde Neubewertung des gewöhnlichen Lebens. Wir mögen noch so ergiebig in Fantasiewelten und Erzählungen schweifen und in Träumen befangen sein – gleichwohl besteht die Notwendigkeit, uns in der gewöhnlichen, nicht-fantastischen Welt um die physische und soziale Selbsterhaltung zu kümmern. Dass dazu auch Planung, Vorausschau und das Durchspielen von unterschiedlichen Szenarien, auch zum Erlernen von sozialer Kompetenz, gehören, ist zweifelsohne richtig; diese Art der Fantastik ist je-

---

19 Lewis Carroll, Alice im Wunderland, übersetzt von Christian Enzensberger, Frankfurt am Main 1973, S. 127 f.

doch stets auf das Leben und Überleben in der nicht-
fiktionalen, gewöhnlichen Welt ausgerichtet.

Die nichtfiktionale Welt teilt sich in gewöhnliche
Welten und in ungewöhnliche Welten. Ungewöhnliche Welten sind diejenigen, in denen die Menschen
nicht *einwohnen*, in denen sie keine *Einwohner* sind,
Welten, die sie nicht nur nicht gewöhnt sind, sondern
an die sie sich grundsätzlich nie gewöhnen können,
weil sie sich vom ersten Moment ihrer Begegnung mit
ihnen dort nicht auskennen – es ist aber notwendig,
sich auszukennen, um orientiert leben und überhaupt
überleben zu können. Die ungewöhnliche Welt ist die
Welt, in der die gewöhnlichen, Orientierung bieten-
den Grenzen fehlen; damit eine Welt für mich gewöhnlich ist, muss ich wissen, wo ein Raum beginnt
und wo er endet; kenne ich demnach seine Grenzen
und mache sozusagen umgrenzte Erfahrungen, dann
kann ich mich auch orientieren, dann weiß ich, dass
ich im Arbeitszimmer bin und jetzt aufstehe und über
den Flur in die Küche gehe, um zu essen, dann weiß
ich, dass ich im Kreis meiner Freunde bin und jetzt
aufbreche, um über den U-Bahn-Schacht nach Hause
in den Kreis meiner Familie zu gehen. In der gewöhnlichen Welt erlebe ich folglich gewöhnliche, umgrenzte Räume, in denen ich mich orientiert und perspek-
tivisch ausgerichtet bewegen kann. Diese umgrenzten
Räume bilden jeweils einen Innenraum, in dem ich
bin und der sich jeweils vom Außenraum abgrenzt;
das heißt, dass ich mich in meinem gewöhnlichen Le-

ben stets von umgrenztem Innenraum zu umgrenztem Innenraum bewege. In der ungewöhnlichen Welt hingegen sind Grenzen entweder *nicht vorhanden* wie in der Wüste oder im Himmel, *unscharf* wie im dichten Nebel, *infrage gestellt* wie während einer Revolution, *zerbrochen* wie beim Zerbrechen eines gemeinsamen Liebesraums oder *zerstört* wie im Krieg. Unscharf zu erkennen sind die Grenzen zwischen dem Innenbereich und dem Außenbereich etwa auch, wenn ich sehr betrunken bin, halluziniere oder Wahnbilder sehe, in einem Zustand bin, in dem ich nicht oder nur zum Teil weiß, wer ich bin, was für mich gut ist, was für mich schlecht ist und in dem ich womöglich Dinge tue, die mich gefährden. Die nicht-fantastische Welt teilt sich also in die ungewöhnliche und letztlich unbewohnbare Welt einerseits und andererseits in die gewöhnliche und bewohnbare Welt.

Allerdings ist eines der zentralen Probleme der gewöhnlichen Welt, dass für viele Menschen diese gewöhnliche Welt nicht genug ist, dass sie von ihnen als nicht zufriedenstellend erlebt wird; sie sehnen sich nach mehr oder nach etwas Aufregendem, sie möchten eine fantastische Welt, ein Wunderland erleben.

Auch die Schwester von Alice gehört zu diesen Menschen. Könnte sie sich nur einmal den skizzierten kosmischen Blick zu eigen machen, dann würde sie auf die gewöhnliche, scheinbar langweilige und wirkliche Welt mit anderen Augen blicken und erkennen, dass diese gewöhnliche Welt zumindest in ihrer unwahrscheinlichen Vorhandenheit im Universum höchst bemerkenswert ist. Die Welt ist sogar beides, gewöhnlich und ungewöhnlich, wirklich und unwirklich. Die Schwester könnte auch erkennen, dass sowohl die fantastische Welt als auch die wirkliche Welt jeweils ihre eigenen Formen der Kurzweiligkeit haben und es Unsinn wäre, beide Welten gegeneinander auszuspielen. Die fantastische Welt ist oft eine heitere und zuweilen auch existenziell-spielerische Übung, welche die Räume der Gewöhnlichkeit mit neuen Perspektiven anreichern kann; die »wirkliche, langweilige« Welt hingegen ist gerade in ihrer Wirklichkeit möglicherweise viel schöner und interessanter als die fantastische. Die Schwester würde vielleicht begreifen, dass es schön sein kann, einfach das Gras rascheln und den Hütebuben rufen zu hören, und dass es doch ziemlich erstaunlich ist, dass sich all dieses Leben im Lauf von Jahrmillionen so entwickelt hat.

Oft hat weder die Majorität noch Minorität recht,
sondern eine dritte Partei, gegen welche die Minorität
eine Majorität ist.
Jean Paul[20]

---

20 Jean Paul, Sämtliche Werke, Historisch-kritische Ausgabe, Abt. 2: Nachlaß, Weimar 2000ff., Bd. 8, S. 234.

Angesichts der Erfahrungen mit Faschismus und Kommunismus haben eine Reihe von Philosophen Argumente zugunsten des gewöhnlichen Lebens vorgebracht – auch wenn sie nicht den Begriff des gewöhnlichen Lebens in unserem Sinn verwendet haben. Nicht zuletzt der amerikanische Pragmatist Richard Rorty (1931–2007) hat in seinen Schriften regelmäßig die letztlich auch auf das Politische zielenden Ansprüche, die sich aus Theorien des Erhabenen ergeben können, mit gelassener und zugleich entschiedener Ironie zurückgewiesen. Dem Erhabenen hat er das Schöne entgegengesetzt und dafür plädiert, die produktive Spannung zwischen den Sprachen des Erhabenen und den Sprachen des Schönen auszuhalten.[21] In unserer Sprache korreliert das Erhabene in der Regel mit dem Ungewöhnlichen und das Schöne mit dem Gewöhnlichen.

Dabei ist der Mensch, der nach dem Erleben erhabener Formen strebt, einer, der mit etwas Unvertrautem, weil Unsagbarem in Berührung zu kommen versucht, mit etwas, das keiner Alltagssprache zugänglich ist. Wer hingegen einen Hang zum Erleben des Schönen hat, der versucht, vertraute Dinge zu Mustern von größerer Harmonie und Dichte zu ordnen.[22] Den Ge-

---

21 Vgl. etwa Richard Rorty, Die Schönheit, die Erhabenheit und die Gemeinschaft der Philosophen, Frankfurt am Main 2000, S. 39 f.
22 Rorty, a. a. O., S. 16.

gensatz zwischen dem Schönen und dem Erhabenen überträgt Rorty auf die politische Philosophie und die Moral. Moralische und politische Schönheit suchen heißt, eine immer bessere, auf ein menschenfreundlicheres Leben zielende Umordnung jetzt bestehender menschlicher Beziehungen und Institutionen anzustreben. Das Streben nach dem moralisch und politisch Erhabenen hingegen ist die Suche nach Menschen, Institutionen und Einrichtungen von einer Art, über die wir keinerlei weiterführende Einzelheiten angeben können, weil sie von den uns bekannten Lebensbedingungen frei sind. Beispiele für solche unvorstellbaren Zustände sind Platons angedeutetes Leben außerhalb der gewöhnlichen Lebenshöhle, der christliche Himmel der körperlosen Seelen, Kants vollkommen guter Wille, Marx' vollendeter Kommunismus, Nietzsches Übermensch oder gar Hitlers irrer Wahn von einer reinen Rasse und einem tausendjährigen Reich.[23]

Für den Liberalen Rorty hat die Demokratie insofern Vorrang vor der Philosophie, als bestimmte philosophische Stimmen immer wieder politische und moralische Schönheit zugunsten des Erhabenen abwerten und zugleich für die Verwirklichung des Erhabenen in politischen Systemen plädieren. Das gewöhnliche Leben erscheint zwar (zunächst) nicht erhaben, es löst

---

23 Vgl. Rorty, a. a. O., S. 33 f.

39

keinen Schauder aus, wie das in der Begegnung mit dem Erhabenen der Fall sein kann. Nichtsdestotrotz eröffnet das gewöhnliche Leben die Chance, Fortschritte hin zu einer gerechten und solidarischen Gesellschaft, und das heißt für Rorty: hin zu einer »schönen« Gesellschaft zu erzielen. Erhabene Philosophien wie diejenigen von Nietzsche, der Anfang August 1881 im schweizerischen Sils-Maria »6000 Fuss über dem Meere und viel höher über allen menschlichen Dingen«[24] über die Ewige Wiederkehr nachdenkt, oder von Heidegger, der immer wieder am Saum einer Schwarzwaldlichtung auf den Zuspruch des Seins lauscht, bleiben gleichwohl wichtig für die Zivilisation, weil mit ihrer Hilfe und mit der Spannung zwischen dem Schönen und dem Erhabenen gesellschaftliche Debatten erweitert und ihre Vokabulare bereichert werden können. Es wäre in Rortys Augen daher eine Katastrophe, wenn wir ausschließlich die Sprechweise der schönen Partei oder die der erhabenen Partei gelten lassen würden. Erst die Erkenntnis des notwendigen Widerstreits zwischen dem Gewöhnlichen und dem Ungewöhnlichen befreit uns von der ausschließenden und einengenden Option des Entweder-oder und versöhnt uns mit der schöpferischen Provokation, welche das gewöhnliche Denken durch das ungewöhnliche Denken erfährt.

---

24 Friedrich Nietzsche, Nachgelassene Fragmente 1880–1882, KSA, Bd. 9, S. 494.

Wir gehören einer Zeit an, deren Cultur in Gefahr ist,
an den Mitteln der Cultur zu Grunde zu gehen.
Nietzsche[25]

Der aktuelle Zeitgeist nun wird maßgeblich gekeltert
aus den Trauben der Werbung und der Reklame, des
Designs und der Mode, aus Fernsehen, Kino, Video-
spielen, Büchern, Zeitungen, Zeitschriften, Musik,
Mobiltelefonen und Internet – begleitet von dem mal
unterschwelligen und hypnotischen, mal grell, laut
und aggressiv erschallenden Sound der immerglei-
chen Botschaft: Dein gewöhnliches Leben ist nicht
genug. Du bist nicht genug. Du bist nicht schön genug, du bist nicht klug genug, du bist nicht reich,
nicht anerkannt genug. Du bist kein Held, kein Guru,
kein Superstar. Du bist ein Durchschnittsmensch. Du
warst nicht auf dem Mount Everest, du warst nicht
mit Delphinen tauchen, du reitest kein ausschweifen-
des Steckenpferd, du bist ein unbedeutendes Etwas,
schwabbelig und überhaupt nicht in Form. *Du musst
dein Leben ändern.* Das, was du jetzt hast, was du
jetzt Leben nennst, dein gewöhnliches Leben, das ist
nicht der Rede wert. Suche das Abenteuer. Erreiche
Außergewöhnliches. Vergiss den Alltag. Entdecke
dich selbst, deine Möglichkeiten, deine Größe, deinen
Ruhm. Sei ein Experiment, entwirf ein Projekt. Wach-

---

25 Friedrich Nietzsche, Menschliches, Allzumenschliches, KSA,
Bd. 2, S. 324.

se über dich hinaus. Werde, der du deinen Möglichkeiten nach in Wahrheit bist. Werde, der du sein möchtest oder vorgibst zu sein.[26] Zeige dich ambitioniert. Entsteige der Kloake deines Alltags, übe dich in etwas, erlange Meisterschaft, bestehe die Prüfungen – und dann wirst du Einlass finden in jene heiligen Hallen, wo Erfolg, Weisheit, Glück und das schöne Leben zu Hause sind.

Der Mensch ist gut und will nicht, daß man vor einem andern als ihm selber krieche.
Jean Paul[27]

Ein Motiv für die Abwertung des gewöhnlichen Lebens könnte darin bestehen, dass bestimmte Menschen ein bestimmtes Können entwickelt haben, aufgrund dessen sie aus dem gewöhnlichen Leben herausragten, sich von ihren Mitmenschen unterschieden und Vorteile für ihr Überleben gewannen; ein Können mithin, das auch für das Überleben einer Gruppe wichtig war und auf die Stimmung in der Gruppe maßgeblichen Einfluss haben konnte. Man

---

26 Vgl. Kristof Rouvel, »Werde, der du vorgibst zu sein!« – Vom Leben als Theater zum philosophischen Problem der Authentizität. Gastvortrag am 9. November 2006 im Philosophischen Garten im Rahmen der Reihe Philosophie im Palais der Stadtbücherei Stuttgart.

27 Jean Paul, Sämtliche Werke, Historisch-kritische Ausgabe, Abt. 2: Nachlaß, Weimar 1936, Bd. 5, S. 31.

kann diese Menschen in allgemeiner Form Spezialisten nennen und konkret Priester, Weise, Heiler, Künstler, Meister etc.; sie sind, zunächst und für lange Zeit, jeweils nur wenige, und heben sich von den vielen Nichtspezialisten ab.

Je wichtiger das Können der Spezialisten für das Überleben der Gruppe ist oder zu sein scheint, desto mehr Einfluss wächst ihnen zu. Und je kleiner dabei der Kreis der Spezialisten ist, desto größer gerät ihr Einfluss. Dieser erlaubt ihnen, das nichtspezialisierte, gewöhnliche Leben als das schlechte oder nutzlose zu verachten. Das Können der Spezialisten ist für die Nichtspezialisten eine Provokation. Möchte der Nichtspezialist aufgrund der Provokation ebenso Spezialist werden und so womöglich auch zu Einfluss kommen, dann muss er sein Leben ändern – die Frage ist freilich, ob die Spezialisten wollen, dass er sein Leben ändert. Denn den ursprünglich wenigen Spezialisten geht umso mehr Einfluss verloren, je mehr Nichtspezialisten sich qualifizieren. Damit die Spezialisten unter sich bleiben können, werden deshalb Zulassungsbeschränkungen notwendig, die den Zugang zu den Einflusspositionen regeln.

Im alten Ägypten konnte ein Arbeiter nicht zum Pharao aufsteigen; die Hierarchisierung galt als Teil einer »göttlichen«, festen Ordnung. Der Ordnungsgeist der europäisch geprägten Neuzeit und insbesondere des aktuellen Zeitgeistes hingegen sagt: Gewöhnlicher Bürger, es ist nicht in Ordnung, dass du ein gewöhnlicher Bürger bist und halbwegs zufrieden dein gewöhnliches Leben führst. Du musst deiner Einzigartigkeit gerecht werden, du musst zum *uomo universale*, zum Künstler, Schöpfer, Universalgenie, zum Superstar werden! – Aber es geht nicht, dass alle zum Superstar werden; folglich bekommen die allermeisten, die es versuchen, einen existenziellen Knacks und erdulden eine Demütigung, die sie erschöpft und mutlos macht. Der aktuelle Zeitgeist ist insofern ein in seinen weltweiten Produktionsstätten millionenfach vom Band laufender Volksporsche, in den man einsteigt, um in sein Unglück zu rasen.

Die skizzierte Unterscheidung zwischen den wenigen Guten und den vielen Schlechten baut offenkundig auf dem ursprünglicheren Muster »Spezialist versus Nichtspezialist« auf. Blieben über die Jahrhunderte und Jahrtausende hin die Abwertungen des gewöhnlichen Lebens mangels großer Zuhörer- und Leserschaft jedoch ohne große Wirkung bei denjenigen, deren Leben abgewertet wurde, so änderte sich das in der europäischen Neuzeit mit dem Aufkommen des Buchdrucks, der Zeitungen und vor allem mit dem Auftauchen der elektronischen Massenmedien schlagartig. Hierbei haben die traditionellen Autoren der Abwertung einen großen Konkurrenten bekommen, der ihnen alsbald die publizistische Hegemonie streitig machte – den aktuellen Zeitgeist. Und dieser wertet das gewöhnliche Leben nicht nur ab, sondern ruft dazu auf, aus ihm wie aus einer Armee zu desertieren. Sein Appell an alle lautet: Du musst dein bisheriges gewöhnliches Leben ändern, werde Spezialist für alles! Werde ein universaler Mensch! Spitzenbürger, Spitzensportler, Spitzenwissenschaftler, Spitzenliebhaber, Spitzenkoch, Spitzenleser, Spitzentourist – wenn du all das nicht bist oder in Kürze sein wirst, dann läuft bei dir etwas völlig falsch!

Jedoch haben weder die historischen Abwerter noch die Verwalter des Zeitgeists mit ihrer Verachtung des gewöhnlichen Lebens bzw. mit ihrem Lob der Spitzenposition schon plausibel begründet, warum nun auch ich als Nichtspezialist mein Leben ändern sollte. Denn wenn ich mein Leben ändern soll, dann muss es dafür nicht nur einen konkreten Anlass geben, sondern ich muss darüber hinaus ein zugrunde liegendes Prinzip angeben können, das mich bei allen meinen weiteren Entscheidungen leitet. Dieses Prinzip aber ist, so oder so, in jedem Fall ein willkürlich gewähltes – schon deshalb, weil es von Sterblichen ersonnen wurde.

Zur Illustration sei an die zitierte Passage Nietzsches über den letzten Menschen erinnert: Nietzsche persifliert den unschöpferischen, sehnsuchtsfreien, fantasielosen Menschen. Mit der fingierten Stimme Zarathustras sagt er damit indirekt: Du musst ein Mensch sein, der seine Möglichkeiten ergreift, der schöpferisch ist, der Sehnsucht kennt und ihre Erwartung erfüllt, ein Mensch, der Außergewöhnliches zu leisten imstande ist, der Sterne gebären kann und sein eigenes Leben künstlerisch durchdringt und formt, kurzum: *Du musst dein Leben ändern.* Übernehmen wir für einen Moment die Position des letzten Menschen; dann könnten wir Zarathustra bzw. Professor Nietzsche fragen: Warum bitte muss ich mein Leben ändern? Warum können Sie mich nicht in Ruhe lassen? Wenn ich der letzte Mensch bin und dabei niemandem schade, na und? Nietzsche müsste nun erklären, warum es schlimm ist, wenn in der Menschheitsgeschichte letzte Menschen wie ich auf den Plan treten. Er müsste aufdecken, dass er einen *Wert* voraussetzt, mit dessen Hilfe er alles, was ist, *bewerten* kann. Leonardo da Vinci müsste erklären, warum es so schlimm wäre, wenn fast alle Menschen »Füller von Abortgruben« wären; Fichte müsste darlegen, was so schlimm daran wäre, wenn die meisten Menschen unter ihren Möglichkeiten blieben. Sie alle müssten ihr Wertsystem erläutern, was nicht leicht fallen dürfte. Welcher Wert aber liegt unseren Überlegungen zugrunde? Im folgenden Kapitel legen wir hierzu die Karten auf den Tisch.

Kapitel 3

Zwei Maximen

»Ihr seid ja nichts weiter als ein Kartenspiel!«
Bei diesen Worten schwang sich das ganze
Kartenspiel in die Luft und kam auf sie zugesegelt.[28]

Um es kurz und knapp zu sagen: Diesen Gedanken über das gewöhnliche Leben liegt gerade *kein* Wert zugrunde. Diese Aussage lässt sich dahingehend differenzieren, dass wir zumindest keinen *positiven* Wert zugrunde legen, dessentwegen wir erfahren könnten, was wir tun sollten, sondern lediglich einen *negativen* Wert, der uns sagt, was wir im Zuge unseres Handelns in jedem Fall vermeiden sollten – nämlich Schmerzen. Unser Wert lässt sich daher in Form einer ersten Maxime ausdrücken.

Maxime 1 lautet: *Handle so, dass du keine Schmerzen erleidest!* Das ist alles, in dieser Maxime drückt sich unser einziger Wert aus. Unter Schmerz verste-

---

28 Lewis Carroll, Alice im Wunderland, a. a. O., Kapitel »Alice
   deckt die Karten auf«, S. 125.

hen wir dabei sämtliche Leidensphänomene wie körperlichen Schmerz, etwa Zahnweh, Migräne, Rücken-
schmerzen, oder geistigen Schmerz, etwa Trauer,
Kummer, Depression, Panik, Verzweiflung, Beschä-
mung, Todesangst oder auch die Gefühle beim Ver-
lust der eigenen Würde.

*Wenn wir von Werthen reden, reden wir unter der
Inspiration, unter der Optik des Lebens: das Leben selbst
zwingt uns, Werthe anzusetzen, das Leben selbst werthet
durch uns, wenn wir Werthe ansetzen.*
Nietzsche[29]

Das Bestechende an diesem Wert ist die Tatsache,
dass er sich selbst begründet bzw. dass er sich im
Lebensvollzug von selbst, auch durch gefühlte Bedeutung, an der Oberfläche der Überlegungen und
Handlungen des Menschen zeigt und diese Überlegungen und Handlungen ausrichten kann, als wäre
er der Nordpol eines natürlichen Ethik-Kompasses.
Und gerade weil er sich selbst begründet, ist er nicht
transzendent begründet und müssen wir kein »gött-
liches« Gebot voraussetzen. Deshalb besitzt er auch
unter allen in Ethik-Debatten diskutierten Werten
die größte Autorität. Für sämtliche schmerzempfindliche Lebewesen, und das lehrt nicht nur die Evolu-

---

29 Friedrich Nietzsche, Götzen-Dämmerung, KSA, Bd. 6, S. 86.

tionsbiologie, sondern schon die eigene Erfahrung, sind Schmerzen unangenehm. (Vom Sonderfall des Masochismus können wir hier absehen.) Niemand möchte Schmerzen erleiden.

Was aber motiviert mich überhaupt, moralisch zu handeln? Das Schöne an diesem Wert ist, dass es ein grundsätzliches Motivationsproblem nicht gibt. Denn die in uns wirksame evolutionäre Prägung lässt uns normalerweise automatisch so handeln, dass wir Schmerzen zu vermeiden versuchen. In der Regel handle ich demnach im Sinne von Maxime 1.

Nicht Wünschelruten, nicht Alraune –
Die beste Zauberei liegt in der guten Laune.
Goethe[30]

Normalerweise sind die guten Gefühle für den Organismus ein Indikator dafür, dass die aktuelle Lage im Krisengebiet – der Organismus befindet sich immer im Krisengebiet des Überlebens – stabil oder sogar erfreulich ist, etwa wenn ich hungrig bin und mich an einen mit Speisen und Getränken reich gedeckten Tisch setzen darf. Diese angenehmen Gefühle sind üblicherweise ein zuverlässiger Indikator, müssen es aber nicht sein. Denn viele der kurzfristig angenehmen Gefühle werden mit darauf folgenden unange-

---

30 Goethe, Gedenkausgabe, a. a. O., Bd. 5, S. 542.

nehmen Gefühlen erkauft, seien dies nach einem Zechgelage am nächsten Tag die Kopfschmerzen, nach dem Spritzen von Heroin die bald danach eintretenden Entzugserscheinungen, nach einer guten Prügelei die drohende Rache der Gang etc.

Aber Menschen sind soziale Tiere, sie bewegen sich normalerweise in sozialen Zusammenhängen, egal ob wir diese Familie, Gruppe, Gesellschaft oder Menschheit nennen. Weil ich mich demnach zumeist in Kontexten bewege, laufe ich Gefahr, dass jemand anderes mich verletzt und mir Schmerzen zufügt (bzw. dass ich jemanden verletze und ihm Schmerzen zufüge.) Um dieses Risiko zu minimieren, ist es für mich im Sinn der Schmerzvermeidung sinnvoll, wenn eine weitere Maxime allgemeine Gültigkeit hat.

Maxime 2 lautet: *Füge niemandem Schmerzen zu!* Wenn sie allgemeines Gesetz ist und mithilfe einer sozialen Verabredung oder einer staatlichen Streitmacht durchgesetzt wird, dann profitieren alle Menschen, die Schmerzen zu vermeiden versuchen, davon. Dabei ist Maxime 2 mittelbar sinnvoll und erfordert eine entsprechende Erkenntnis; Maxime 1 ist unmittelbar sinnvoll.

Wenn ich einen S-Bahnsteig betrete, auf dem zwei Jugendliche auf einen am Boden liegenden Mann eintreten, dann erleide ich zwar nicht selbst Blessuren an meinem Körper, doch berührt mich der Anblick aufs Unangenehmste. Auch so erleide ich eine Form von Schmerzen. Darüber hinaus erkenne ich zumindest intuitiv, dass auch ich selbst Opfer dieser gewalttätigen Jugendlichen sein könnte. Weil ich weder unangenehme Gefühle erleiden noch in eine gleiche schmerzhafte Situation kommen möchte, plädiere ich unwillkürlich dafür, dass solche gewalttätigen Handlungen verboten werden.

Dieser Gedanke schließt an die anthropologische Erkenntnis an, dass die Furcht vor Schmerzen die sicherste Grundlage für bewusstes, orientiertes Handeln darstellt, insofern sie *die* Konstante im Überlebensverhalten von leidensfähigen Lebewesen ist. Andere Herleitungen wie zum Beispiel Sympathie oder Mitgefühl oder womöglich die Tatsache, dass es mir guttut und ich mich besser fühle, wenn ich anderen Menschen helfe, haben den Nachteil, dass sie ebenjene Gefühle als Basis des Handelns begreifen, die nicht bei allen Teilnehmern des Lebensspiels auf gleiche Weise handlungsleitend sind.

Du kannst Dich zurückhalten von den Leiden der Welt,
das ist Dir freigestellt und entspricht Deiner Natur,
aber vielleicht ist gerade dieses Zurückhalten das einzige
Leid, das Du vermeiden könntest.
Franz Kafka[31]

---

31 Franz Kafka, Tagebücher in der Fassung der Handschrift, hg. von H.-G. Koch, M. Müller, M. Pasley, Frankfurt am Main 1990, S. 137.

Nun könnte man sagen: Meinetwegen, Maxime 1 leuchtet mir ein, sie will ich befolgen; doch Maxime 2 leuchtet mir nicht ein. Mir bereitet es nämlich Freude, anderen Menschen Schmerzen zuzufügen, ich will auf diese Freude nicht verzichten, und Mitleid ist mir fremd. Vorausgesetzt, ich erleide bei allen meinen Handlungen niemals Schmerzen und erfreue mich durchaus an den Schmerzen der anderen, die ich ihnen zufüge, lebe also streng nach Maxime 1, aber nicht nach der ja nur abgeleiteten Maxime 2 – handle ich dann unmoralisch? Wenn man Maxime 1 befolgt und sich durch seine Handlungen keine Schmerzen einhandelt, dann handelt man nach Maxime 1 in der Tat moralisch.

Ein anderes Beispiel: Wenn man jemanden verletzt oder gar ermordet, seine Geldbörse entwendet, mit dem erbeuteten Geld essen geht und sich dabei nicht schlecht fühlt, dann handelt man nach Maxime 1 nicht unmoralisch. Genauso wenig wie eine Löwin unmoralisch handelt, wenn sie eine Antilope schlägt. Gemäß Maxime 1 handelt man im konkreten Fall erst dann unmoralisch, wenn man nach seiner Tat aufgrund von Reue, Rache, Strafe selbst Schmerzen erleidet.

Ich wundere mich nie darüber, wenn ich sehe,
daß Menschen schlecht sind,
doch wundere ich mich oft darüber,
daß sie sich nicht schämen.

Jonathan Swift[32]

Wenn also gemäß Maxime 1 ein gewalttätiger Mensch, der sich durch seine Taten keine Schmerzen zufügt, nicht unmoralisch handelt, dann stellt sich die Frage, wie alle anderen, die sich mit Maxime 2 einverstanden erklären, damit umgehen.

Weil alle anderen eigene Schmerzen zu vermeiden versuchen, werden sie sich dazu gezwungen sehen, den genannten Mörder aufzuhalten. Sie wägen dabei die Schmerzen, die sie womöglich erleiden werden, wenn sie den Mörder weiterhin in Freiheit lassen, mit jenen ab, die sie dem Mörder zufügen müssen, wenn sie ihn einsperren oder töten. In der Regel kommen sie dabei zu dem Schluss, dass es gerechtfertigt ist, den gewalttätigen Menschen einzusperren. Das ist alles. Wenn Antilopen Löwen einsperren könnten, dann würden sie es tun. Nicht aus moralischen Erwägungen heraus, sondern weil sie überleben und keine Schmerzen erleiden wollen.

---

32 Jonathan Swift, Gedanken über verschiedene Gegenstände erbaulicher und ergötzlicher Art, in: Ausgewählte Werke in drei Bänden, hg. von A. Schlösser, Frankfurt am Main 1972, S. 513.

Auch wenn der gewalttätige Mensch gemäß Maxime 1 nicht unmoralisch handelt, so ist es doch für alle, die unter ihm leiden, sinnvoll, ihn gemäß der gleichen Maxime 1, an seinen Handlungen zu hindern.

Der hier skizzierte Wertbegriff geht also nicht von einem abstrakten, absoluten Gebot aus, sondern von konkreten Bedürfnissen und Gefühlen. Das heißt, dass in der Regel bei *allen* Menschen Maxime 1 Anerkennung finden kann. Für die *meisten* Menschen ist jedoch auch Maxime 2 sinnvoll, insofern sie ganz wesentlich soziale Tiere sind und sich ständig in sozialen Zusammenhängen bewegen. Dabei unterstützt Maxime 2 indirekt Maxime 1.

Jede Position, die das gewöhnliche Leben abwertet, stützt sich allerdings auf einen transzendenten Wert, der sich nicht aus dem konkreten Lebensvollzug ergibt. Die Diffamierung des gewöhnlichen Lebens ist daher grundlos. Was jemand mit seinem Leben anstellt, spielt in wertethischer Hinsicht und damit auch im Hinblick auf die Lebensführung überhaupt keine Rolle. Beziehungsweise die Frage spielt ausschließlich für den Betroffenen eine Rolle. Wenn ein Mensch unter seinen Möglichkeiten bleibt und damit keine Probleme hat, dann ist das schlicht und ergreifend egal. Nicht gleichgültig ist lediglich Maxime 1. *Handle so, dass du keine Schmerzen erleidest!* ist also die Minimalforderung. Aus dieser ergeben sich alle weiteren Maximen und positiven Werte oder Gebote zwangsläufig von selbst.

Kapitel 4

Erleuchtung beim Stolpern

Der wahre Weg geht über ein Seil, das nicht in der Höhe gespannt ist, sondern knapp über dem Boden. Es scheint mehr bestimmt stolpern zu machen, als begangen zu werden.

Franz Kafka[33]

Wir führen selten ein Leben, das streng nach Maximen ausgerichtet wäre. In der Regel geht immer wieder irgendetwas schief, auch wir gehen immer wieder schief, ohne es zu bemerken, und stolpern unversehens. Bei der Beobachtung der Sterne erging es so dem ersten Philosophen des Abendlandes, Thales von Milet (um 624–546); er fiel bei der Beobachtung der Sterne in einen Brunnen. Eine thrakische Magd, die gerade zum Brunnen kam, lachte ihn aus: Thales wolle wissen, was am Himmel sei, aber es bleibe ihm verborgen, was vor ihm zu seinen Füßen liege. Er,

---

33 Franz Kafka, Schriften Tagebücher / Kritische Ausgabe, hg. von J. Schillemeit, Frankfurt am Main 2002, S. 113.

55

den Sternen verfallen, komme auf der Erde vom Wege ab. Die Magd, Thales auf die Beine helfend und das Blut von seiner Stirn tupfend, öffnete ihm die Augen: es sei nicht gut, sich an den Sternen zu orientieren.

Entgegen dem Ratschlag der Magd kann es manchmal vielleicht doch sinnvoll sein, zu den Sternen aufzublicken. Sinnvoll, weil wir darüber ins Staunen geraten dürfen. Das Staunen aber ist einer der ältesten Fluchtwege, mit deren Hilfe wir uns vom Ort einer momentanen Verwirrung entfernen können, um die Situation, aus der wir fliehen, neu zu bedenken und aus der Distanz jungfräulich zu sehen. In diesem Fall können wir durch die hohle Gasse des staunenden Blicks zu den Sternen enteilen. Und während wir fliehen und staunen, fällt uns etwas auf: Wir bemerken zum ersten Mal oder erneut, wo wir Erdkugelbewohner uns befinden. Wo nicht in einem umfassenden Sinn, weil das Universum geografisch nicht in dem Maß erfassbar ist wie die in eine naive Räumlichkeit gepackten Länder im Erdatlas, und daher kann es auch keinen vollständigen All-Atlas geben, auf dem die absolute Position der Erde innerhalb des gesamten Universums verzeichnet und abzulesen wäre; sondern wo in einem anderen Sinn: Wir sehen, dass wir uns an einem bestimmten, im Grunde gleichgültigen, in jedem Fall höchst unwahrscheinlichen, eigentlich unbegreiflichen Ort befinden, dem Ort *Irgendwo im Universum*. Dieser Umstand hat für unser gewöhnliches Leben letztlich nichts zu bedeuten. Und es ist paradox: Gerade weil wir erkennen, dass der Ort für unser gewöhnliches Leben nichts zu bedeuten hat, erkennen wir auch, dass wir uns um unser gewöhnliches Leben kümmern müssen, nicht um das Leben der Sterne, nicht um die echten Sterne des Universums, aber auch nicht um die Sterne, die unser gewöhnliches Leben infrage stellen – nämlich die Sterne der Astrologie und des Horoskops, die mir sagen, dass mein Schicksal im Himmel begründet liege, und ebenfalls nicht um die Sterne des gesellschaftlichen Lebens, die wir *Stars* nennen, und die mir indirekt sagen, dass ich mit meinem gewöhnlichen Leben nichts Besonderes sei und allen Anlass habe, sie zu bewundern.

Sinnvoll kann das Aufblicken zu den Sternen aber auch deshalb sein, weil wir dadurch auf nachdrückliche Weise die Chance bekommen, in einem auch übertragenen Sinne zu stolpern und mithilfe des Stolperns etwas über uns zu lernen.

Das Stolpern an sich zählt als Begleitphänomen zum übergeordneten Phänomen des automobilen Fortkommens. Das tut es zumindest dann, wenn unter automobil die selbstständige menschliche Bewegung in einem dreidimensionalen Raum ohne die für Menschen üblicherweise üblichen Instrumente – wie zum Beispiel Pferd, Wagen, Fahrrad, Auto und Flugzeug – zu verstehen ist, und wenn somit unter dem Gesamtbegriff automobiles Fortkommen die menschlichen Grundformen der Raumbewegung Schleichen, Gehen, Laufen begriffen werden dürfen.

Aufgrund der, zwar nicht theoretischen, jedoch praktischen Unmöglichkeit, unsere Bewegungskoordinationen mit den stets wechselnden Untergrund- und Umweltbedingungen in jedem Augenblick unseres automobilen Fortkommens in Einklang zu bringen, ist das Auftauchen des Stolperns während dieses automobilen Fortkommens für jeden Menschen ausschließlich eine Frage der Zeit. Wenn es auch theoretisch nicht strikt auszuschließen ist, so ist doch anzunehmen, dass es binnen Millionen Jahren der Menschheitsevolution noch keinem herangewachsenen, gehfähigen Hominiden gelungen ist, seinen Lauf durch die Stadien des Lebens zu vollenden, ohne nicht wenigstens einmal ins Stolpern geraten zu sein. In diesem Zusammenhang gilt die universelle Regel: Irgendwann stolpert jeder einmal. *Pedem offendere humanum est*, könnte man sagen, um ein lateinisches Sprichwort im Hinblick auf das Irren zu variieren. *Stolpern ist menschlich.* Es ist aber nicht nur menschlich, denn auch gewisse Tiere, insbesondere Vierbeiner, kennen Formen des Stolperns, sondern es kann auch in einem nicht trivialen Sinn sinnvoll sein, nämlich dann, wenn der Stolpernde das Stolpern zum Anlass nimmt, über seine konkrete Situation ernsthaft nachzudenken. Und in diesem Verständnis des Stolperns wird das Stolpern erkenntnispraktisch interessant.

Allerdings ist einzuräumen, dass nicht jedes Stolpern zu tatsächlichem Nachdenken über die eigene

konkrete Situation führen muss und auch nicht führen
sollte. Wer im Alltag stolpert, zum Beispiel in der Frühe
auf dem Weg zur Arbeit, der versucht, das Stolpern
noch während des Stolperns abzufangen; der Stolpernde korrigiert seine physische Bewegungsposition und
strebt auf diese Weise danach, sich dem Übergang vom
Stolpern zum vollendeten Sturz in letzter Sekunde zu
entziehen und sich akrobatisch wieder in einen nor-
malen, vertikalen Rhythmus zu bringen; dabei wird er
jedoch, begleitet von einer erhöhten Blutzufuhr in den
Kopf hinein, möglicherweise von der Frage gequält, ob
er von seinen Mitmenschen beim Stolpern und seiner
akrobatischen Einlage gesehen worden ist. Weil er dies
nicht ausschließen darf, wird er ein Gefühl der Scham
und der Peinlichkeit nicht vermeiden können; dies
überspielt er gern mit dem Lächeln einer gestellten
und im Grunde sich selbst gegenüber engherzig bleibenden Selbstironie. Er wird das Stolpern nur als Unfall, den es zu vertuschen gilt, begreifen und gerade
dadurch es versäumen, das Potenzial seines Stolperns
zu erkennen.

Neben diesem als peinlich empfundenen und für
den Reifungsprozess des Menschen fruchtlos bleibenden Stolpern gibt es mitunter das vorgenannte
erkenntnispraktisch interessante Stolpern, das man
der Kürze halber das philosophische Stolpern nennen könnte. Dieses Stolpern bringt uns in gänzlich
unerwarteter Weise weit voran. Wer auf dem Weg ist
und ins Stolpern gerät, der kann folglich aus seinem

bloßen Stolpern das philosophische Stolpern machen – und diese Umwandlung des einen Stolperns in das andere Stolpern geschieht im Rahmen eines Innehaltens nach dem Stolpern. Das Innehalten bedeutet, dass der Weg, den wir gehen, auffällig wird: die Erkenntnis in der Pause.

Welch ein Weg ist das eigentlich, auf dem ich gehe, auf dem ich stehe, auf dem ich beinahe gestürzt wäre? Das Auge, durch das Stolpern unabhängig geworden vom Kleben am anvisierten Ziel, wandert nun ruhig und gemessen auf dem Fundament des automobilen Fortkommens auf und ab und prüft dessen Beschaffenheit und Qualität. Der Gestolperte stellt sich Fragen wie diese: Wo komme ich eigentlich her? Wo will ich eigentlich hin? Was darf ich eigentlich hoffen? Wer bin ich überhaupt?

Jedes Innehalten, jedes Nachdenken über den eigenen Weg ist im Grunde eine übertragene Spielart dieses Stolperns. Natürlich kann man nicht bei jedem Stolpern eine Grundsatzreflexion über das Leben beginnen; doch kann man immer wieder das Stolpern zum Anlass nehmen, um innezuhalten.

Wer innehält, dem fällt der Weg auf und das, was er gerade macht, dem fällt seine Kopflosigkeit, seine Rastlosigkeit auf, und er sagt sich: Moment, bitte! Dadurch, dass der Weg auffällt, werden die eigenen täglichen Abläufe, die Routinen durchsichtig. Plötzlich sieht man sein gewöhnliches Leben, die täglichen Korridore des Alltags, durch die man hastet, sieht sie in all ihrer Fragwürdigkeit. Dieses Innehalten und Distanz aufbauen zu den Dingen des Lebens ist das, was Philosophieren ausmacht. Wer stolpert und innehält, die Augen schließt, nachdenkt und die Augen wieder öffnet, der kann den Wegstaub sehen, aus dem wir gemacht sind und unter dessen lösliches Dach wir am Ende unserer Tage zurückkehren werden.

Kapitel 5

Lebenskunst

Der Mensch, würde er von Zeit zu Zeit nicht
souverän die Augen schließen,
er sähe zu guter Letzt nicht mehr,
was angeblickt zu werden verdient.
René Char[34]

Wer stolpert, dem fällt etwas auf, der bekommt einen neuen Blick auf sein Leben, dem wird bewusst, dass er auch anders schauen kann, dass er abwechselnde Perspektiven auf das Leben einnehmen kann, dem wird bewusst, dass er überhaupt eine bestimmte Perspektive auf die Dinge des Lebens hat und es mannigfache Perspektiven gibt. Wer ein Bewusstsein der jeweiligen Perspektive hat, der gewinnt größere Klarheit über den jeweiligen Zusammenhang seines Lebens. Wer am Meer die Sonne aufgehen sieht, nimmt die gewöhnliche Perspektive auf dieses Phänomen

---

34 René Char, Poésies / Dichtungen, Frankfurt am Main 1959,
   S. 139.

ein, und diese Perspektive bleibt richtig trotz der astrophysikalischen Perspektive, nach der die Sonne nicht aufgeht, sondern nach der sich die Erde um die Sonne dreht und zugleich um ihre eigene Achse.

Das eigene Wissen über die jeweilige Perspektive, die man auf die Phänomene seines Lebens einnimmt, sowie die Achtsamkeit in Hinsicht auf diese Phänomene erhöhen die Komplexität des Bildes, das man sich vom Leben macht – eines zwar komplexen, gleichwohl geordneten Bildes, das gerade in seiner geordneten Komplexität Behagen auslöst.

Insofern diese Perspektivenkomplexität Behagen auslöst, gehört sie in das Gebiet der Lebenskunst. Die Lebenskunst ist an erster Stelle die Kunst, das gewöhnliche Leben als ein Fest zu begreifen, das man, da es nun einmal stattfindet, auch nach den Regeln der Kunst feiern sollte. Das Fest ist nicht zuletzt ein komisches Maskenfest, ein unfreiwillig komisches auch, auf dem die Gäste zum Teil verzweifelt, zum Teil mit Pfiffigkeit, selten ohne einen Schuss spielerischer Willkür, beweisen wollen, dass sie jemand sind.

Der Begriff der Lebenskunst verweist im Weiteren auf unterschiedliche Sachverhalte. Zunächst spielt er auf die Behauptung an, die Probleme des täglich-praktischen Lebens nach den Regeln einer erfahrungsgeleiteten und zugleich flexibel und geschickt anpassungsfähigen Klugheit lösen zu können – diese Art der Lebenskunst darf man die praktische Lebenskunst nennen. Die Idee dieser Lebenskunst unterstellt die idealtypische Fähigkeit, konkrete Lebensprobleme wie Lebensunterhalts- und Gesundheitsfürsorge lösen zu können. So gesehen hilft sie dem Menschen, sein erwünschtes Leben erreichen und führen zu können. In Abgrenzung zu diesem ins Ideale zielenden Begriff der praktischen Lebenskunst glauben wir, dass er bereits in einer ins Reale zielenden, sozusagen abgespeckten Bedeutungsversion Anwendung finden darf, wenn er nämlich lediglich die Fähigkeit bezeichnet, leidlich und halbwegs fröhlich, ja auch halbwegs melancholisch und traurig durchs Leben zu kommen und dabei bisweilen zu schlittern und sogar zu torkeln; in diesem Sinne meint Lebenskunst auch das regelmäßig neu zu erwerbende, einigermaßen gut ausgebildete Können, auf ungewöhnliche Situationen so zu reagieren, dass der auf diese Situationen reagierende Mensch sich alsbald wieder in einer gewöhnlichen Situation vorfindet. Lebenskunst ist in dem Fall die Kunst, das gewöhnliche Leben aufrechtzuerhalten.

Darüber hinaus spielt der Begriff der Lebenskunst auf die Behauptung an, das eigene Leben zu einem Kunstwerk gestalten zu können, sodass es als Ganzes, aus der Außenperspektive, tatsächlich wie ein Kunstwerk oder Artefakt zu sehen und zu interpretieren sei – als wäre es ein Gemälde, das im Museum hängt. Und weil ein Kunstwerk in der Regel irgendeine Art von Sinn verkörpert, so dürfen wir die so verstandene Lebenskunst nicht nur die artistische Lebenskunst nennen, sondern auch die sinnorientierte Lebenskunst. Um das Leben aber zu einem Kunstwerk gestalten zu können, müssen üblicherweise zuvor existenzielle Bedürfnisse wie diejenigen nach Brot und Wohnung gestillt sein, damit einem überhaupt der Sinn danach stehen kann. Zum Beispiel würde die in solchen Zusammenhängen gern zitierte alleinerziehende Kassiererin auf die Frage, inwiefern sie ihr Leben zu einem Kunstwerk forme, wohl nur mit einem fragenden Blick eine Antwort geben können. Davon abgesehen besteht die Möglichkeit, nicht nur sein individuelles Leben zu einem einzelmenschlichen Kunstwerk zu formen, sondern auch mit anderen Menschen gemeinsam eine Form des sozialen Kunstwerks zu schaffen. Man kann in dieser Hinsicht von jedem Paar, das in Krisenzeiten, nach der Zeit der Verliebtheit, an sich und seiner Partnerschaft arbeitet und diese weiterformt, behaupten, dass es an der Skulptur seiner Partnerschaft arbeite. Das Analoge kann für eine Familie gelten, was auch der Baumeister Leon Battista Alberti (1404–1472) in seiner Schrift »Vom Hauswesen«[35] in ähnlicher Form zum Ausdruck bringt. Denn er interpretiert das Haus als einen ästhetischen Raum, der für eine Familie nur dann bestehen bleibt und seinen Zweck erfüllt, wenn auch die Familie fortbesteht bzw. als intakter Familieninnenraum erhalten

---

35 Leon Battista Alberti, Vom Hauswesen (Della Famiglia), übersetzt von Walther Kraus, München 1986.

bleibt. Eine Familie ist von daher ein unbewusst entstandenes soziales Kunstwerk oder ein bewusst, mithilfe von Familientherapeuten und aus Eigeninitiativen der Familienmitglieder heraus geschaffenes Artefakt.

Schließlich verweist der Begriff der Lebenskunst noch auf die Fähigkeit oder die Bereitschaft, über das Problem des Lebens selbst nicht ohne Weiteres hinwegzustolpern. Das Problem des Lebens selbst offenbart sich als Frage nach dem Grund des Lebens. Zu dieser Frage muss der Stolpernde ein Verhältnis aufbauen, mit diesem Problem muss er, irgendwie, umgehen lernen – und mit ihm umgehen lernen muss er deshalb, weil es nicht zu lösen ist. Die Art des Umgangs ist letztlich die Antwort auf das Problem und zugleich jene Lebenskunst, die man zur Unterscheidung von den ersten beiden Begriffen – der praktischen und der artistischen Lebenskunst – die existenzielle Lebenskunst nennen darf.

Zum Begriff des Lebenskünstlers sei angemerkt, dass er im gewöhnlichen Leben oft von gewöhnlichen Menschen auf jene Menschen angewendet wird, die in beruflich-sozialer Hinsicht kein gewöhnliches Leben führen, insofern sie sich mit kleineren und unsicheren Jobs durchs Leben lavieren. Aus Sicht des real-existierenden Lebenskünstlers ist sein nur zum Teil gewöhnliches Leben nicht unbedingt befriedigend – die Tatsache, dass er sich gezwungen sieht, aus jeder Situation das Beste zu machen, beweist ja indirekt, dass seine Situation eben nicht die beste ist und daher auch nicht gerade gewöhnlich. Von daher ist die positiv gefärbte Sicht, die gewöhnliche Menschen auf den Lebenskünstler haben, nicht frei von romantischem Kitsch, insofern Kitsch hier die ungewöhnlichen Schwierigkeiten im Lebensvollzug des Lebenskünstlers ausblendet.

Der Begriff der praktischen Lebenskunst ist insofern der wichtigste, als er für die allermeisten Menschen von tagtäglicher Bedeutung ist. Er besagt nichts anderes als das gewöhnliche Leben bzw. die Fähigkeit, das gewöhnliche Leben aufrechtzuerhalten. Das gewöhnliche Leben steht dabei immer unter der unaufhebbaren Spannung von Sorgen und Glücksversprechen, von Schmerzerfahrungen und Glückseffekten.

In der Sprache des öffentlichen Verkehrs formuliert sind die Begriffe Gesundheit, Krankheit, Familie, Freundschaft, Liebe, Hass, Langeweile, Arbeit, Arbeitslosigkeit, Genuss und Leiden die roten und grünen Ampellichter auf der Straße des Lebens. Leuchten die roten Ampellichter auf, empfinden wir Unlust, weil wir bremsen, halten und warten müssen, leuchten die grünen auf, empfinden wir Lust, weil wir beschleunigen dürfen. Ignorieren wir die roten Ampellichter, droht Gefahr, haben uns die grünen nichts mehr zu sagen, leiden wir an einer Form der Depression. Weil Lust und Unlust Affekte sind, die jeweils lediglich kurze Zeit andauern, kann es geschehen, dass wir eine grüne

Welle haben, sie aber als etwas Lustvolles gar nicht mehr wahrnehmen und uns gar nicht länger darüber freuen; erst wenn die Ampeln auf Rot springen, wird uns die grüne Welle, die wir gehabt haben, bewusst und wir ärgern uns und bereuen es, dass wir sie nicht intensiver genossen haben.

Gefühle wie Lustbefriedigung, Freude, Wohlgefühl sind zwar vorübergehend, aber dennoch und nicht zuletzt deshalb in vielerlei Hinsicht konkrete Zielzustände der praktischen Lebenskunst. Ein Kind freut sich, wenn es ein Eis bekommt, ein Fußballfan freut sich, wenn sein Team in letzter Sekunde noch den Siegtreffer erzielt, ein Ordnungsliebhaber freut sich, wenn er jedes Zimmer der Wohnung sauber aufgeräumt hat, zwei Menschen, die ineinander verliebt sind, freuen sich, wenn sie zusammen sind und ein Herz und eine Seele bilden. Darüber hinaus jedoch bringt die Gaukelei des Begriffs des dauerhaften Glücks die Menschen regelmäßig vom Weg des gewöhnlichen Lebens ab, und das überall schwebende Pflichtgefühl, glücklich sein zu müssen, treibt die Menschen tiefer noch in ihr Unglück hinein. Der Begriff des dauerhaften Glücks ist für die tägliche Lebenszufriedenheit der Menschen der allerhinderlichste Begriff. Der Begriff des dauerhaften Glücks ist gewissermaßen unser Unglück. Deshalb wäre es für die Menschen und ihren Gefühlshaushalt besser, diesen Begriffsvogel zum Fenster hinausflattern zu lassen – auf Nimmerwiedersehen.

Viele Menschen jedoch glauben, möglicherweise aufgrund evolutionärer Prägung oder weil sie sich in Hörweite der Zeitgeistsirenen befinden, dass es möglich sei, jenen Zustand zu erreichen, in dem das Glück im eigenen Leben dauerhaft Einzug hält und nimmermehr auszieht. Als verhielte sich das Glück wie der antike Gott Pluto (griech. für Reichtum), der bisweilen tatsächlich Hausbesuche bei Athener Bürgern zu machen beliebte – zumindest in der attischen Komödie. So träumen und tagträumen sie vom bleibenden Glück.

Konkret träumen sie vom Traumpartner: Wären sie erst mit ihm zusammen, dann wäre alles gut. Oder sie streben nach einem fernen, ihnen zugleich den Weg zeigenden Ziel im Glauben, dass sie nach Erreichen des Ziels andauernd glücklich sein könnten. Oder sie träumen vom Gewinn einer hohen Millionensumme in der Lotterie und wähnen, dass sie mit dem Geldsegen für den Rest ihrer Tage einfach nur noch glücklich wären. Bin ich aber erst mit dem Traumpartner zusammen, lässt mich dann der Anblick seiner herumliegenden Strümpfe nicht aus meinen idealischen Welten stürzen? Habe ich die Examensprüfungen bestanden und bin zunächst überschwänglich glücklich, muss ich dann nicht eine Arbeitsstelle suchen und Bewerbungen schreiben? Habe ich die Millionen und die ersten Partys geschmissen, stellt sich dann nicht die Frage, was ich nun eigentlich mit meinem Leben anfangen soll?

Und was ist, wenn ich alle meine Ziele erreicht habe? Was mache ich dann? Sitze ich dann zu Hause am Tisch wie ein Buddha und bin – leer?

Um die Unerreichbarkeit des dauerhaften Glücks besser zu verstehen, müssen wir uns erneut das Wesen der Spannung bewusst machen, welche zwischen uns und der Außenwelt besteht und die letztlich unaufhebbar ist. Egal, wo ich mich aufhalte, stets muss ich mich darum kümmern, dass es mir gut geht, dass mein Körper intakt ist und funktioniert und ich buchstäblich überlebe. Der Körper des geborenen Menschen bildet dabei den biologischen Prototyp aller Innenräume. Seine Haut ist die Grenze dieses Innenraums, die allerdings durchlässig ist und sich mit der Außenwelt in einer ständigen Wechselwirkung befindet. Der Körper besitzt neben den zahlreichen Poren und den vielen kleinen Grenzübergängen der Hautgrenze auch unterschiedlich große Grenzübergänge und Öffnungen für Verkehr und Austausch unterschiedlicher Art: Mund, After, Penis, Scheide, Augen, Nase, Ohren. Man könnte die an diesen Checkpoints ein- und ausgeführten Stoffe und Güter (neben ihrer Zuordnung zum Stoffwechsel und zur Energieaufnahme) auch unter dem Oberbegriff der Information rubrizieren, insofern als alles, was der Körper wahrnimmt oder in sich aufnimmt, für ihn eine Bedeutung hat, bzw. als es für den Körper etwas bedeutet, diverse Inhalte auswerfen zu können. Damit stehen diese Öffnungen in einer Verwandtschaftsbeziehung zu der bedeutendsten Austauschvorrichtung unseres Organismus: dem Gehirn, das im Zuge der Verarbeitung und des Austauschs von Informationen Kohärenzen zwischen Innen und Außen und innerhalb der Innenwelt herstellt und es meisterhaft schafft, eine Welt erscheinen zu lassen und ein Selbst, dem diese Welt zu erscheinen scheint.

Nehmen wir an, wir wohnen wie der Schriftsteller Arno Schmidt in einer Hütte auf der Heide, es ist Winter, Nacht. Plötzlich hören wir draußen vor dem Fenster ein Geräusch. In der Hütte brennt Licht, wir sehen nicht hinaus, aber ein Landstreicher kann uns von außen beobachten. *Glück und Glas, wie leicht bricht das.* Es mag in der Hütte noch so lauschig und flauschig sein, wir können uns nicht mehr auf unsere Lektüre konzentrieren, wir fühle uns nicht mehr sicher, nicht mehr wohl in unserer Haut. Obwohl die Fensterscheiben noch heil sind, sind sie aufgrund unseres Unwohlseins und unserer Furcht vor dem Einbrecher in einem übertragenen Sinn bereits zerbrochen.

So wie es dieses Spannungsgefühl in Bezug auf den Körper gibt oder in Bezug auf meinen unmittelbaren Aufenthaltsraum, so gibt es dieses Gefühl in allen anderen möglichen Zusammenhängen, im Büro, wo ich mich dem Chef oder als Chef immer neu beweisen muss, in der Liebe, wo sich die Partner niemals sicher sein können, dass die Gefühle des Geliebten oder die eigenen Gefühle gleich bleiben, oder überhaupt in Bezug auf das Schicksal der Welt, der Nation, der Wirtschaft, jenes schwergewichtigen Schicksals, dessen Schläge prinzipiell unvorhersehbar sind und die mich jederzeit wie ein *Lucky Punch* treffen können. Wenn wir das begreifen, dann nehmen wir die Wechselbäder zwischen dem Angenehmen und Unangenehmen leichter hin, fühlen wir uns gelassener den Unbilden des Lebens gegenüber und somit auch alles in allem zufriedener und sogar von einer gewissen Komik, die dieser Wechsel darstellt, erfrischt und stimuliert. Indem wir auf diese Weise die Unaufhebbarkeit der Spannung verstehen, lernen wir auch, dass es dauerhaftes Glück nicht geben kann, sondern lediglich vorübergehende, angenehme Zustände. Das Ziel des dauerhaften Glücks dürfen wir aufgeben – es hat schlichtweg keinen Sinn, diesem Phantom hinterherzujagen.

Wer die Suche nach dem Glück aufgibt, der fühlt sich paradoxerweise fast glücklich. Sich von dieser Sehnsucht zu verabschieden, hat nämlich etwas Befreiendes. Ja, endlich weiß ich, was mich immer schon bedrängt und behelligt hat: meine unbewusste, mich insgeheim versklavende Sehnsucht nach dem Glück. Weg mit ihr. Ich pfeife auf das Glück. Es kann mir gestohlen bleiben. Ich zeige ihm die kalte Schulter. Ich kümmere mich nicht mehr darum. Ich nehme mich erst einmal so hin, wie ich mir jetzt erscheine – und fühle mich damit gleich viel besser, fast möchte ich sagen: Ich fühle mich glücklich!

Und diese vielen Glücksratgeber, die mein Nachttischchen belagern, sind das nicht die gesammelten
Rezeptbücher meiner Albträume? In den Orkus mit
ihnen!

*Nur die Fläche bestimmt die kreisenden Bahnen des
Lebens;*
Ist sie glatt, so vergißt jeder die nahe Gefahr.
Goethe[36]

Im Orkus aber, im Abgrund des Lebens, landen wir
alle selbst einmal und vermutlich noch viel früher als
alle unsere Glücksratgeber auf dem Nachttischchen.
Der Abgrund des Lebens ist der Tod, dieser große
Recyclinghof der Natur. Der Abgrund, das ist aber
auch, wenn wir darüber nachdenken, die Position
von uns Erdbewohnern inmitten des unermesslichen,
lebensfeindlichen Universums.

Diesen Abgrund sehen wir im gewöhnlichen Leben die meiste Zeit nicht; wir decken ihn zu – mit
gutem Grund. Der Abgrund ist der Ort, wo wir keinen
Halt haben und nicht leben können. Damit wir leben
können, müssen wir inmitten des Abgrunds einen
Grund legen, auf dem wir stehen und gehen, wandeln und handeln können – dieser Grund, auf dem
wir sind und werden, ist nichts anderes als das ge-

---

36 Goethe, Gedenkausgabe, a. a. O., Bd. 1, S. 265.

wöhnliche Leben. Sieh, das ist mein gewöhnliches Leben: Hier ist meine Wohnung, dort arbeite ich, das ist meine Familie, das sind meine Freunde, hier kaufe ich ein, dort treibe ich Sport – hier kenne ich mich aus, hier lebe ich mein Leben, Jahreszeit für Jahreszeit, so ist es, es ist gewöhnlich und es gefällt mir.

Nur wenn eines Tages der Nachbar im Treppenhaus hängt, oder wenn eines Tages das Nachbarskind auf der Straße liegt, beide tot, beide still und unfassbar fern, nur wenn wir die unbegreiflichen Dimensionen des Universums wirklich zu begreifen versuchen und daran scheitern, dann zerbricht plötzlich der Grund unseres gewöhnlichen Lebens, dann öffnet sich der Abgrund unter dem gewöhnlichen Leben – und uns ergreift fassungsloses Entsetzen.

Seit dem Jahr 2007 gibt es am Grand Canyon eine neue Attraktion – den Grand Canyon Skywalk. Der Skywalk, oder der Himmelsweg, ist eine über den Rand des Grand Canyons hinausragende, hufeisenförmige Plattform aus Stahlträgern mit aufgelegten, gläsernen Bodenplatten und gläsernem Geländer. Das Glas der Bodenplatten stammt aus Deutschland: solide Transparenz, eine Ironie der Philosophiegeschichte gewissermaßen, als hielte die deutsche Metaphysik überraschend Einzug im Wilden Westen. Edwin »Buzz« Aldrin, der frühere Astronaut – er gehörte zur ersten Mondlandemission von Apollo 11 und setzte nach Neil Armstrong als zweiter Mensch seine Füße auf den staubigen Trabanten –, war bei der Einweihung des Skywalks der Erste, der diesen betreten durfte.

Auf der gläsernen Plattform erleiden die Skywalker idealerweise das prickelnde Gefühl existenzieller Haltlosigkeit. Sie sehen unmittelbar unter ihren Füßen den Abgrund gähnen, über dem sie auf fast zauberhafte Weise schweben. In der Hoffnung darauf, dass die Brücke stabil ist, die Verankerung des Brückenbodens nicht reißt und das deutsche Glas hält, gehen sie langsam, kichernd, tastend, schweigend die Rundstrecke ab. Am Ende, nach Abschluss der Runde, sind sie, trotz ihres Vertrauens auf die Stabilität des Stegs, doch erleichtert und froh, wieder auf dem festen Fels des Grand Canyons zu stehen.

Das Faszinierende am Skywalk ist dieses Spiel mit dem Ungewöhnlichen, dieser Versuch, zu erahnen, wie es ist, wenn einem der Boden unter den Füßen des gewöhnlichen Lebens weggezogen wird. Das gewöhnliche Leben ist gleichsam eine Form von Skywalk. Allein während wir unser Leben führen, sehen wir in der Regel den Abgrund nicht. Wir meinen vielmehr, dass alles in Ordnung ist – von den üblichen Problemen natürlich abgesehen, die aber, wie wir inzwischen wissen, auch zum Alltag gehören.

Doch ab und zu löst sich der Schleier, der den Abgrund des Lebens verdeckt, und dann spüren wir den eisigen Luftzug des Nichts. Sooft wir den Schleier wieder anbringen, er wird sich immer wieder lösen. Und eines Tages, wenn er wieder einmal reißt, sind wir es, die im Abgrund verschwinden. Der Skywalk des Lebens führt uns nicht auf den festen Fels des Grand Canyons zurück, sondern er endet im Himmel. Wir stürzen ab.

Kapitel 6

Die Bedeutung stabiler Ich-Beziehungen

Im Haus werde ich einen bis dahin übersehenen Winkel entdecken, in dem »man ja wohnen kann!«.
Peter Handke[37]

Um nicht abzustürzen, bilden wir Grenzen, weben wir das gewöhnliche Leben, erzeugen es als einen Vorgang, an dem wir maßgeblich beteiligt sind und der uns aus dem Chaos der Willkür und des Zufalls emporhebt. Dabei vermittelt uns das gewöhnliche Leben den Eindruck, in einer Burg zu sein, auch wenn es sich bei der Burg nur um ein Luftschloss handelt. Und es vermittelt uns den Eindruck der Festigkeit, auch wenn sich die Burgmauern letztlich verflüssigen. Schließlich gibt es uns Orientierung, indem wir erfahren, wo wir stehen. Nicht nur bildet unsere Körperoberfläche eine Grenze, sondern an allen gewöhn-

---

37 Peter Handke, Versuch über den geglückten Tag. Ein Wintertagtraum, Frankfurt am Main 1991, S. 73.

lichen Tagen bilden wir um uns herum Grenzen und erweitern und befestigen unterschiedliche Grenzanlagen. Selbst der obdachlos lebende Mensch ist nicht gänzlich grenzenlos und insofern doch nicht gänzlich obdachlos. Die Brücke, unter der ich schlafe, bietet Obdach, der Fluss und die nahe Brückenmauer bilden Seitenwände, die Distanz zum Uferweg, der unter der Brücke hindurchführt und auf welchem Passanten unterwegs sind, bildet eine übertragene Grenze. Darüber hinaus setze ich mich als gewöhnlicher Obdachloser nicht irgendwohin auf den Boden – das macht nur ein ungewöhnlicher, zum Beispiel sturzbetrunkener Mensch –, sondern auf eine Kartonage, deren Grenzen mein Reich darstellen. Im gehobenen Fall bietet die Kartonage ihrerseits vertikale Seitenwände, sodass Schutz vor Passatwinden und Passantenblicken geboten wird.

Gehe ich zu Fuß durch die Stadt, bin ich zahllosen Gefahren ausgesetzt. Handelt es sich um meine Stadt, so bildet sie freilich keinen völlig fremden Außenraum, sondern eine Mischzone, in der sich Elemente des vertrauten Innenbereichs und des unvertrauten Außenraums vermengen, einen Raum, in dem ich mich vorwiegend gut auskenne, in dem gleichwohl lebensbedrohliche Situationen in einem größeren Maße als zu Hause, etwa beim Einschrauben einer neuen Glühbirne, lauern, sei es, dass ich beim Überqueren der Straße auf das Auto nicht achtgebe und verunglücke, sei es, dass ich bei Nacht in einer finsteren Gasse ausgeraubt und schwer verletzt werde. Doch selbst wenn ich in keine lebensbedrohliche Situation gerate, muss ich ständig Menschen aus dem Weg gehen, riskiere ich, die Nachbarn oder gar meinen Arbeitgeber zu treffen und habe ich die Aussicht, einem potenziellen Paarungspartner über den Weg zu laufen. Alle diese Situationen sind mit Stress verbunden, insofern Stress bedeutet, dass ich mich an eine wechselnde Situation anpassen muss, um so meine Integrität aufrechtzuerhalten oder womöglich gar zu verbessern. Komme ich nach dem Gang durch die Stadt nach Hause in die eigene Wohnung, stellt sich oft ein Gefühl der Erleichterung ein, der Ruhe, des Befreitseins davon, auf irgendetwas reagieren zu müssen. Wenn ich am Abend im Wohnzimmer sitze und alles geregelt weiß, fühle ich mich wohl. Wenn aber plötzlich jemand von der Straße aus einen Stein gegen das Fenster wirft und das Glas zerbricht, dann fühle ich mich unwohl. Und das nicht nur, weil ich jetzt die Scherben aufkehren und am nächsten Tag den Glaser anrufen muss, sondern vor allem, weil ich mich bedroht fühle. Der Steinwurf meint nicht die Scheibe, er meint mich – jemand will mir an den Kragen.

Die Beispiele deuten an, inwiefern das Erleben meiner selbst nicht nur mit dem Körper zusammenhängt, sondern auch und unmittelbar mit dem Erleben meiner Situation in einem bestimmten, umgrenzten Raum. Zu Hause bin ich sozusagen die Wohnung selbst, das heißt, sie bildet nicht nur einen Innenraum, in dem ich mich bewege, sondern sie ist der Innenraum, der mein unmittelbares Erleben umgrenzt, meinem Erleben Fassung gibt und der ich damit letztlich selber bin. Aus einer physikalischen Sicht bin ich natürlich nicht die Wohnung, jedoch aus einer raumphänomenologischen Sicht – in der intakten Wohnung erlebe ich die Intaktheit des mich umgrenzenden Raums, der mich zugleich vom Außenraum abgrenzt, und dieses Erleben der Intaktheit löst in mir mein Wohlgefühl aus, jenes Wissen oder Gefühl der Unverletztheit des Organismus und damit das Gefühl, dass das Überleben des Organismus fürs Erste gesichert ist. Die Intaktheit der Wohnung kann jedoch auch bei einer ganz bleibenden Fensterscheibe rasch unbedeutend werden, wenn sich etwa auf der Körperebene eine unangenehme Grenzöffnung bemerkbar macht, wie das Gefühl des Hungers. In dem Fall rückt der nicht intakte Innenraum des Körpers in den Brennpunkt meines Erlebens. Dies wird auch an folgender Erläuterung deutlich.

Komme ich nach dem Spaziergang nach Hause, dann bin ich heilfroh, wieder in der Wohnung zu sein. In der Regel schleppe ich aus der Stadt unterschiedliche Dinge heim wie Lebensmittel, Kleidung, Zeitungen, Bücher, Spielfilme oder gar einen neuen Paarungspartner. Ich kann es mir jetzt zu Hause gemütlich machen, gut kochen und mich mit dem Gast unterhalten, die neuen Kleider anziehen und mich besser fühlen und nebenbei in einem interessanten Buch blättern.

Bliebe ich nun für lange Zeit zu Hause, dann wären irgendwann alle Lebensmittel aufgegessen, alle Zeitungen und Bücher wären gelesen und alle Spielfilme gesehen, die Unterhaltung zwischen dem Gast und mir wäre aufgrund von Übermüdungserscheinungen zum Erliegen gekommen und der Gast wäre hinauskomplimentiert worden. In dieser Situation bin ich zwar daheim, meine Wohnung ist in Ordnung, die Scheibe längst repariert und nicht wieder eingeworfen – und dennoch fühle ich mich nicht mehr wohl, fühle ich mich zusehends unwohl.

Der intakte Innenraum meiner Wohnung wird mir plötzlich unbedeutend, weil ich nach Nährstoffen hungere, nach Lebensmitteln. Ich rufe bei der Biokiste an und lasse mir frisches Gemüse bringen. Eine Stunde später bin ich satt, der Wok ist gespült, ich nicke auf dem Sofa ein; und als ich wieder wach und munter bin, gehe ich unruhig in der Wohnung umher, ohne zu wissen, warum. Ich nehme ein paar Bücher in die Hand, die ich aber alle gelesen habe und so gut wie auswendig kann, und lege sie wieder zurück; den alten Zeitungen schenke ich nicht mal mehr einen Blick. Nach einem Spielfilm steht mir nicht der Sinn. Ich hungere, ich merke es deutlich, ich hungere sehr, es ist aber nicht der Magen, der das Hungergefühl auslöst, es ist der Hunger nach Sinn, nach Bedeutung und Information. Vielleicht wird mir bewusst: Wir

Menschen müssen uns Sinn, Bedeutung und Information in gleicher Weise aneignen wie Nährstoffe, und also verlasse ich die Wohnung und dringe erneut in die Mischzone ein, erstehe am Kiosk »Le monde diplomatique«, gehe in Wolffs Bücherei und kaufe mir Kappachers »Fliegenpalast« und setze mich ins Café Central und durchblättere die Zeitung und schwebe auf den Flügeln der Fiktion im »Fliegenpalast« umher und betrachte immer wieder aus den Augenwinkeln die anderen Gäste, die gehenden und die kommenden, und bewerte sie in Hinsicht auf die mögliche Bedeutung, die sie für mein Leben gewinnen könnten.

Was bedeutet eigentlich das Gewöhnliche am Gewöhnlichen?

Dein Inneres wird ebenso vielfältig geworden sein wie im Lauf dieses Tages die Außenwelt.
Peter Handke[38]

Wenn wir vom gewöhnlichen Leben reden, so meinen wir in der gewöhnlichen Perspektive zwar tatsächlich das Leben in seinem Auf und Ab, das Leben in der Mietwohnung, im eigenen Haus, das Leben mit Be-

---

38 Peter Handke, Versuch über den geglückten Tag, a. a. O., S. 74.

rufsstress und Liebesglück, Berufserfolg und Liebesleid, die Sorgen mit den Kindern, die Probleme mit dem Kredit für das Haus und Großmutters Sparbuch, den Ärger mit dem Hotel im Urlaub auf Rügen oder die Freude, wenigstens am letzten Tag das Strandleben genießen zu können.

Im Zuge der Ausführungen über das Erleben der eigenen Wohnung ist jedoch bereits die Intuition zur Sprache gekommen, dass das Gewöhnliche etwas mit dem Wohnen zu tun haben könnte. Betrachten wir das Wort »gewöhnlich« unter semantischer Sicht, so fällt auf, dass »gewöhnlich« zunächst so viel wie »durchschnittlich«, »normal«, »alltäglich« bedeutet. Die Wörter »durchschnittlich«, »normal« und »alltäglich« haben jedoch nichts mit dem Wohnen zu tun; darüber hinaus bedeuten sie eben nicht buchstäblich durchschnittlich, normal oder alltäglich, sondern bestenfalls so viel wie »von mittlerer Güte«, was einen abwertenden Beiklang hat, sodass »gewöhnlich« letztlich so viel heißt wie »schlecht« oder gar »von niedrigem Niveau«.

»Gewöhnlich« trägt jedoch darüber hinaus die Bedeutung »gewohnt«, »üblich«, so in Redewendungen wie diesen: Zur gewöhnlichen Zeit findet der Markt statt, sie geht wieder ihrer gewöhnlichen Beschäftigung nach, er steht für gewöhnlich nach zwölf Uhr auf. Im Sinne dieser Bedeutung scheint ein Zusammenhang zwischen »gewöhnlich« und dem Wohnen zu bestehen – wie auch deutlicher werden wird, wenn wir den wortgeschichtlichen Aspekt betrachten. Das althochdeutsche Wort »wonēn«, auf welches »wohnen« zurückgeht, bedeutet so viel wie »sich aufhalten« und »bleiben«. Wo ich mich aufhalten kann und mich aufhalte, wo ich bleibe, dort kenne ich mich aus, und die Umgebung ist mir folglich »gewöhnt«; die Tatsache, dass ich mich auskenne, ist mir angenehm, ist mir sozusagen eine Wonne. Das Wort »Wonne« aber, das ein freudiges Gefühl bezeichnet, ist sinnigerweise wortgeschichtlich mit »wohnen« verwandt, sodass die Worthistorie einen Zusammenhang zwischen »wohnen« und »ein angenehmes Gefühl haben« nahelegt. Ich weiß, wo die Speisen und die Süßigkeiten sind, wo die Werkzeuge und die Waffen aufbewahrt werden, ich weiß, wo sich das Bad und das Schlafzimmer befinden; ich muss nicht suchen, sondern kann schalten und walten. Dieser Ort, an dem ich mich aufhalte und den ich folglich gewöhnt bin, ist also der gewöhnliche Ort. Insofern er mir hilft, auf möglichst einfache Weise die täglichen Abläufe zu bewältigen, hilft er mir dabei, zu leben und zu überleben. Weil ich mich am gewöhnlichen Ort auskenne, muss ich nicht jeden Tag nach den Lebensmitteln oder nach der Arznei suchen; weil ich in einer gewöhnlichen Wohnung mit Kühlschrank und Aufbewahrungsschränken für Lebensmittel lebe, sind meine Speisen geschützt; und weil meine gewöhnliche Wohnung über eine funktionierende Zentralheizung verfügt, muss ich im Winter nicht frieren, geschweige denn erfrieren.

Wenn wir nun in einem erweiterten und übertragenen Sprachgebrauch von der »gewöhnlichen Zeit« sprechen, so verräumlichen wir unseren Umgang mit der Zeit; so wie wir wissen, wo die Lebensmittel sind, so weiß ich, wann die Post im Briefkasten landet, nämlich zur gewöhnlichen Zeit, zu der die Briefträgerin ins Haus kommt. Alles, was für mich zur gewöhnlichen Zeit geschieht, ist Teil meines gewöhnlichen Innenraums, in dem ich mich auskenne.

Damit wird deutlich, dass jene erstgenannte Bedeutung von »gewöhnlich« im Sinne von »durchschnittlich«, von »mittlerer Güte« oder »schlecht« durchaus problematisch ist. Sie denunziert den Wunsch des Menschen, sein Leben in sicheren Grenzen, in sicheren Umgebungen führen zu können. Einer der Gründe für die negative Konnotation von »gewöhnlich« dürfte mit einem zentralen Charakteristikum der europäischen Neuzeit zusammenhängen. Die nicht umsonst so genannte Neuzeit ist die Epoche, in der das Neue den Ruf erwarb, zunächst besser zu sein als das Alte, in der nach und nach das Unternehmertum per se höher geachtet wurde als das Arbeiten in bestehenden Zusammenhängen und reglementierten Zünften. Sie ist die Epoche des enthemmten, unbegrenzten Projektierens sowie des grenzenlosen physikalischen und moralischen Experimentierens und der Zerstörung traditioneller Glaubenswerte und Glaubensinhalte. Die Neuzeit sagt ihrem Einwohner wie einem Altmieter, der aus dem scheinbar renovierungsbedürftigen Haus getrieben werden soll: Du bist gewöhnlich, weil du an deiner Wohnung festhältst. Ich aber zertrümmere die ganze verrottete Bruchbude und erbaue funkelnagelneue Stadthäuser. Ich stoße ins Unbekannte, ins Ungewohnte und Ungewöhnliche vor, ich suche Indien und entdecke Amerika, ich bin die Macht, die alles Stehende und Ständische hinwegfegt, ich bin die Revolution des gesamten Globus. In einer solchen Epoche erscheint das ursprünglich Gewöhnliche im Sinne des Üblichen und des Gewöhnten als dasjenige, das dem Neuen im Weg steht. Was im Weg steht, ist unangenehm. Je mehr dieses Denken zum allgemeinen bestimmenden Denken wird, umso mehr wandelt sich oder erweitert sich die Bedeutung von »gewöhnlich« – und bedeutet dann in bestimmten Zusammenhängen »von mittlerer Güte« oder gar »schlecht«.

Wenn wir das gewöhnliche Leben verteidigen, so verteidigen wir auch den ursprünglichen Begriff von »gewöhnlich« im Sinne von gewohnt und üblich und verteidigen damit auch die Bedeutung von »wohnen« im Sinne von sich aufhalten, sich auskennen, bleiben. Diese Verteidigung hat selbstverständlich nicht das Ziel, für irgendeine Art der Rückkehr in die Zeit vor die zivilisatorischen Errungenschaften der Neuzeit einzutreten – was alle fundamentalistischen Bewegungen wohl letztlich versuchen. Vielmehr möchte die Verteidigung unter den Bedingungen eines neuzeitlich geöffneten Tors zur Welt daran erinnern, dass Menschen trotz aller Veränderung stets die Chance haben müssen, ungewöhnliche Entwicklungen oder neue Ereignisse in einen gewöhnlichen Lebenszusammenhang übersetzen und einordnen zu können. Eine Entwicklung, eine Veränderung ist für Menschen auf Dauer nur dann erträglich oder gar angenehm, wenn sie Teil von gewöhnlichen Lebensverhältnissen werden kann.

Will einer sich gewöhnen,
So seis zum Guten, zum Schönen.
Goethe[39]

Wenn ich allerdings an einen neuen, vor allem unbekannten, womöglich anders als gewöhnlich strukturierten Ort ziehe, und sei es nur vorübergehend, dann muss ich mich erst an den Ort gewöhnen. Ich muss mich dann eingewöhnen, muss aus dem unvertrauten Raum einen vertrauten Raum machen, aus der ungewöhnlichen Umgebung eine gewöhnliche. Liegt nicht vielleicht einer der Gründe dafür, warum europäische Siedler auf dem amerikanischen Kontinent ihren neu gegründeten Städten europäische Namen gaben (New Jersey, New Amsterdam, New Orleans), genau darin, dass diese Namen auf idealtypische Weise die Verbin-

---

39 Goethe, Gedenkausgabe, a. a. O., Bd. 1, S. 653.

dung des Neuen mit dem Alten kombinieren? Die Siedler suchten Chancen – aber nicht an einem vollkommen fremden Ort, sondern an einem, der den Anschein des Vertrauten und damit auch des Dauerhaften vermittelte, im neuen und doch »bekannten« Amsterdam. Dieses Dauerhafte, diese Dauer und Kontinuität sind dabei tatsächlich ein faszinierendes Phänomen. Im Grunde sind wir alle zwar der »*Furie* des Verschwindens«[40] ausgeliefert und anheimgegeben; insofern es uns jedoch gelingt, ein gewöhnliches Leben zu führen, insofern es uns gelingt, gewöhnliche Verhältnisse aufzubauen und zu erhalten, können wir auch angenehme und wohnliche Dauer und Fortdauer erleben. Die Dauer offenbart hierbei für uns Menschen eine Möglichkeit der nichtmetaphysischen Annäherung an die Ewigkeit, welche gleichsam die ideale Dauer darstellt, im Gegensatz zur real-existierenden Dauer der Menschenwelt. Falls wir das Bedürfnis verspüren sollten, der Endlichkeit zu entrinnen und uns in die Hände der Ewigkeit zu begeben, könnte man dann nicht sagen, dass die einzige nichtmetaphysische Weise, dieses zu tun, darin besteht, ein gewöhnliches und damit von Dauer geprägtes Leben zu führen?

Wohnen in diesem Sinne von »bleiben« und »sich auskennen« zielt also auf das verinnerlichte Wissen, sich in einem Zustand der Umgrenztheit zu befinden,

---

40 Georg Wilhelm Friedrich Hegel, Phänomenologie des Geistes, Werke 3, Frankfurt am Main 1986, S. 436.

an einem Ort, an dem ich mich auf eingespielte Weise bewegen kann. Das gewöhnliche Leben ist demnach dasjenige Leben, das dem Menschen vertraut ist, das er in den sich von Außenräumen abgrenzenden Innenräumen führt, von jenen Außenräumen, in denen neben den Chancen potenziell und ganz wesentlich auch Gefahren lauern, die mein Leben bedrohen oder beeinträchtigen können. Das gewöhnliche Leben ist das Erleben des intakten Innenraums.

Die Räumlichkeit des Bewusstseins

Die Betrachtung des gewöhnlichen Erlebens – bei welcher ich darauf achtgebe, wie mir die Welt erscheint – kann jeder anstellen, um in dieser Weise im täglichen Leben den unterschiedlichen Formen des Innenraumerlebens nachzuspüren. Wie verändern sich und wechseln meine Gefühle, wenn ich in meinem Zimmer bin, wenn die Türe offen steht, wenn sie geschlossen ist, wenn das Fenster geöffnet ist, wenn es im Winter zu ist, aber draußen die ganze Nacht der Fensterladen klappert? Was fühle ich unter fremden Menschen, unter freundlichen, unter unfreundlichen? Was fühle ich in einem Aufzug? Wie erlebe ich das ausverkaufte Stadion? Welchen Innenraum bilden mein Hund und ich? Wie fühlt sich mein Hund ohne mich, wie fühlt er sich mit mir?

Die jüngere Hirnforschung hat ältere biologische Erkenntnistheorien in vielerlei Hinsicht bestätigt und gezeigt, dass unser bewusstes Erleben und damit die Welt, so wie sie uns tagtäglich erscheint, nicht nur eine Vorstellung ist, eine Konstruktion vor allem des Gehirns, sondern auch eine spezielle Form der Darstellung von Informationen, die aus der physikalischen Wirklichkeit außerhalb unseres Körpers oder auch aus derjenigen unseres eigenen Körpers stammen. Was wir sehen, hören, ertasten, fühlen, riechen und schmecken, ist so gesehen lediglich eine bruchstückhafte Interpretation dessen, was tatsächlich in der physikalischen Wirklichkeit vor sich geht. Unser Erleben der Welt und damit unser bewusstes Modell der physikalischen Wirklichkeit oder des eigenen Körpers, welches wir allerdings nicht als Modell wahrnehmen (sondern einfach als »die Welt« oder als »den Körper«), ist eine niedrigdimensionale Projektion dieser unermesslich vielschichtigeren physikalischen Wirklichkeit, die immer auch unseren Körper mit einschließt. Die Funktion unserer Sinnesorgane ist es dabei, unsere Überlebensfähigkeit als diskreten Teil dieser Wirklichkeit zu erhöhen; ihr Zweck ist es aber nicht, die physikalische Wirklichkeit oder den Körper wirklichkeitsgetreu darzustellen – falls dies logisch und ontologisch überhaupt möglich wäre. Der im Wach- und Traumvorgang stets ablaufende Vorgang des bewussten Erlebens der Welt und des Körpers ist also nicht eine wirklichkeitsgetreue Darstellung einer physikalischen Wirklichkeit oder des Körpers, sondern – metaphorisch gesprochen – lediglich »ein Tunnel« (Thomas Metzinger) durch diese physikalische Wirklichkeit hindurch.[41]

Beim Bewusstsein oder dem bewussten Erleben handelt es sich demnach um eine vom Gehirn anhand der wahrgenommenen Reize erzeugte Interpretation der Wirklichkeit oder, wie man wohl sagen könnte, um eine funktional angemessene Echtzeitsimulation dieser physikalischen Wirklichkeit und ebenso des eigenen Körpers, der Teil dieser Wirklichkeit ist. Es ist eine Konstruktion, die wir in unserem gewöhnlichen, naiven Realismus allerdings einfach als »die Welt« oder »den Körper« wahrnehmen, ohne deren Interpretations- und Simulationscharakter zu durchschauen.

Die vom Gehirn erzeugte Simulation umfasst dabei allerdings nicht nur unseren Körper und unsere Gefühle, sondern stellt auch unsere Beziehung dar, die wir zur Vergangenheit und zur Zukunft sowie zu anderen Menschen, Lebewesen, Gegenständen und Landschaften haben. Diese im Gehirn stattfindende Simulation von uns erscheint als erlebtes Ich. Weil diese Simulation von uns in die Simulation der physi-

41 Unser Begriff von Bewusstsein geht im Wesentlichen von Thomas Metzingers Bewusstseinstheorie aus, siehe T. M., Being No One. The Self-Model Theory of Subjectivity, Cambridge, Mass., 2003; sowie T. M., Der Ego-Tunnel. Eine neue Philosophie des Selbst: Von der Hirnforschung zur Bewusstseinsethik, Berlin 2009, S. 21 f.

kalischen Wirklichkeit auf eine bestimmte Weise, die wir gleich erläutern werden, eingegliedert wird, handelt es sich beim bewussten Erleben der Welt in der Regel um *mein* Erleben der Welt, einer Welt, zu der *ich* in einer bestimmten Beziehung stehe. Das Bewusstsein ist also nicht nur ein Tunnel durch die physikalische Wirklichkeit, sondern in der Regel ein »Ego-Tunnel« (Thomas Metzinger) – *ich* bin es, der die Welt erlebt.

Es existiert eine Wirklichkeit außerhalb meines Erlebens. Mein Gehirn führt eine Simulation dieser Wirklichkeit durch. Das Erleben dieser von mir nicht durchschauten Simulation ist wie bemerkt das, was mir in meinem gewöhnlichen, naiven Realismus als das Erleben »der Welt« erscheint. Ein Beispiel: Ich blicke zum Fenster hinaus und sehe einen grünen, rauschenden Baum. Dieser grüne, rauschende Baum ist als grüner, rauschender Baum jedoch ausschließlich eine erlebte, undurchschaute Simulation oder auch ein Modell eines grünen, rauschenden Baums in meinem Bewusstsein, ohne dass ich den Simulations- oder Modellcharakter erkennen könnte. Zwar gibt es da draußen eine bestimmte, auch physikalisch beschreibbare Form eines bestimmten, zusammenhängenden Informationsprozesses, doch gibt es keine farbigen Gegenstände, sondern lediglich ein Universum elektromagnetischer Strahlung, ein unermessliches, wogendes Meer von Wellenlängen, von denen ein kleiner Teil in Wechselwirkung mit meinem visuellen System in meinem Bewusstsein etwa als das Grün des Baumes erscheint. Diesen Informationsprozess nehme ich freilich nicht als solchen wahr, sondern einfach nur als grünen, rauschenden Baum.

Die neurowissenschaftliche Perspektive auf das Erleben des Innenraums

Man wird noch eine Weile brauchen, bis man zum poetischen Kern unserer Kognition vorstößt.
Botho Strauß[42]

Gehen wir einen ersten Schritt zurück und betrachten, diese neurowissenschaftlichen Andeutungen zum Begriff des Bewusstseins im Sinn, erneut das Innenraumerleben, diesen überwiegend unbewussten, emotional durchformten Grund des gewöhnlichen Lebens.

In meinem Arbeitszimmer fühle ich mich normalerweise wohl. Ich erlebe diesen Innenraum und die Grenze dieses Innenraums, die durch die Wände, die Türe und die Fenster dargestellt wird. Durch das Fenster blickend sehe ich die Wiese und damit einen bestimmten Außenraum. Wobei jeder Außenraum

---

42 Botho Strauß, Die Fehler des Kopisten, München 1997, S. 172.

unterschiedlich wirkt, je nachdem, ob er sich als befahrene Straße, als eingehegter Garten, als Nachbarhaus, als finsterer Wald, als zaunlose Wiese, als See oder wie auch immer manifestiert. Für das Wohlgefühl in meinem Arbeitszimmer, in meinem Innenraum, ist es dabei von Bedeutung, dass die Grenze durchlässig ist – dass ich jederzeit die Fenster öffnen und lüften oder durch die Türe hinausgehen und zum Einkauf in den Gemüseladen gehen kann. Könnte ich nicht nach draußen gehen oder wären die Türen und Fenster von außen fest verriegelt, fände ich mich de facto in einem Kerker wieder, und mein Überleben, das nicht zuletzt an die Beschaffung von Lebensmitteln gebunden ist, wäre infrage gestellt, ja, ich würde in einer solchen Situation entsprechend verzweifelt sein und Gefühle des Unwohlseins erleiden.

Aus neurowissenschaftlicher Perspektive ist mein Bewusstsein wie angedeutet schlicht mein Erleben der Welt. Das heißt nun, dass mein Erleben des Arbeitszimmers (des Innenraums), mein Erleben der Wände, der Türe und der Fenster (der Grenze) und mein Erleben der Wiese (des Außenraums) gleichfalls ausschließlich Teil meines Bewusstseins sind. Auch das Erleben meines biologischen Organismus ist Teil dieser simulierten Welt, »ich« als diese Simulation meines biologischen Organismus erlebe mich als situiert in diesem Arbeitszimmer (in diesem Innenraum). Dadurch nun, dass ich im Arbeitszimmer bin und eine eindeutige Grenze zwischen Innenraum und Außenraum erlebe (die geschlossenen Fenster, die geschlossene Tür), erlebe ich mich aufgrund dieser Erfahrung des einheitlichen Innenraums als eine Einheit – ja, man darf wie angedeutet sagen, ich erlebe mich unbewusst als diesen Innenraum: Ich bin dieses Arbeitszimmer.

Man muss sich vor Augen führen, dass in dem Satz »Ich bin dieses Arbeitszimmer« sowohl das »Ich« als auch das »Arbeitszimmer« jeweils Simulationen meines Gehirns darstellen: Das »Arbeitszimmer« ist eine Simulation eines bestimmten Ausschnittes der physikalischen Wirklichkeit, das »Ich« ist eine Simulation meines Organismus und seiner Situiertheit in einem bestimmten Ausschnitt der physikalischen Wirklichkeit, nämlich in jenem Ausschnitt, der mir als »Arbeitszimmer« erscheint. Damit sich das »Ich« als Ganzheit erleben kann, muss es eine räumliche Umgrenzung erfahren. Diese Umgrenzung ist je nach Situation verschieden und wechselt ständig – wenn ich hungere, ist sie enger auf das Körperliche bezogen als dann, wenn ich nicht hungere. Wenn ich demnach nicht hungere und auch ansonsten meinen Körper nicht explizit bemerke (kein Hungergefühl, keine Zahnschmerzen, keine Magenbeschwerden), dann benötigt das »Ich« – jenseits vorausliegender körperlicher »Ich«-Prozesse – gleichwohl das Erleben einer bewussten Umgrenzung, um sich so als Einheit und damit überhaupt als ganzes »Ich« erleben zu können:

Und genau diese einheitstiftende Umgrenzung erlebt das »Ich« im Erleben des »Arbeitszimmers«. Das Erleben seiner Ganzheit geht dabei mit unbewusstem Wohlgefühl einher, das dem Organismus, der sich seiner selbst nicht bewusst ist, signalisiert, dass im Augenblick alles in Ordnung ist und seine Innen-Außen-Grenze intakt ist.

Es stellt sich aber die Frage, wie es dazu kommen kann, dass ich mein Arbeitszimmer überhaupt als Innenraum erleben kann – und nicht etwa als Außenraum oder gar einfach als Raum. Um den Sinn dieser womöglich paradox anmutenden Frage zu verdeutlichen und auch eine Antwort auf sie geben zu können, müssen wir einen weiteren Schritt zurückgehen.

Von der körperlichen Entwicklung eines Menschen, seiner Ontogenese, her gesehen, finden zunächst einfach nur die jeweiligen Prozesse des jeweiligen individuellen Organismus statt. Die Prozesse dieses Organismus »beziehen« »sich« dabei stets auf den Organismus, dessen Teil sie sind und den sie ausmachen. Der individuelle Organismus »weiß« sozusagen stets, was zu ihm gehört und was nicht, er unterscheidet stets zwischen Eigenem und Nicht-Eigenem (Fremdem). Eigenes ist demnach stets Teil des Organismus, Fremdes ist stets nicht Teil des Organismus. Eigenes ist zunächst, in dieser frühen Phase, der eigene Körper; und dieser Körper nimmt Raum ein, ist räumlich strukturiert. Seine räumliche Struktur bildet, könnte man sagen, die Sphäre des Eigenen, im Gegensatz zur Sphäre des Fremden, das zunächst alles das ist, was nicht Teil des Körpers ist.

Wenn der Körper – die Gesamtheit aller so verstandenen, selbstbezüglichen Prozesse – nun eine sein Überleben bedrohende Situation »erlebt«, dann muss er auf diese Situation reagieren. Das »Erleben« oder »Erkennen« einer bedrohlichen Situation muss der Körper »sich selbst« allerdings erst signalisieren – er muss quasi »erkennen«, dass überhaupt Gefahr im Verzug ist. Die »Erkenntnis«, wie es um ihn steht, erfolgt mithilfe von Gefühlen, die »vom Körper« als entweder angenehm oder als unangenehm empfunden werden. Um dies an einem Beispiel zu illustrieren: Wenn ein neugeborenes Kind Hunger empfindet, dann ist sein Überleben infrage gestellt – sein Tod ist lediglich eine Frage der Zeit. Der Organismus des Kindes »bemerkt« sozusagen, dass etwas in ihm selbst anwesend ist, was sein Überleben infrage stellt – und dieses, was sein Überleben infrage stellt, »wertet« er als etwas Nicht-Eigenes oder Fremdes. Das Fremde, das in ihm ist, ist in diesem Fall der Hunger – er breitet sich immer weiter aus. Wir sehen folglich einen Organismus, der »sich selbst« als Eigenes »empfindet«, in dem etwas Fremdes ist, welches ihn bedroht. Damit aber der Organismus das Fremde überhaupt als eine Bedrohung des eigenen Überlebens empfinden kann, muss er das Fremde als Bedrohliches sich selbst signalisieren – und dieses Signal wird durch ein Gefühl vermittelt, welches als unangenehm empfunden wird.

Erst aufgrund dieses unangenehmen Gefühls werden Rettungsmaßnahmen eingeleitet, die in diesem Fall, aufgrund evolutionärer Prägung, durch Weinen und Schreien erfolgen. Das Weinen und Schreien führt in der Regel dazu, dass die Mutter auftaucht und das Kind stillt; das Stillen ist das dem Kind und konkret seiner Mundöffnung gemachte und von ihm sehnsüchtig erwartete Angebot, jene Stoffe in sich hineinsaugen zu dürfen, die das Fremde in ihm, den lebensbedrohlichen Hunger, wieder vertreiben. Ist das Kind gestillt, ist es wieder ganz bei sich, ist es wieder ganz Eigenes – auch dies signalisiert es sich mit einem Gefühl, das es diesmal als angenehm empfindet. Diese Fähigkeit, die Sprache der Gefühle sprechen zu können – etwas als angenehm oder als unangenehm bewerten zu können –, ist gewissermaßen das erste ABC, das die Evolution jedem Menschen lange vor seiner Einschulung mit auf den Weg gegeben hat.

Wir haben demnach einen Körper, der zwischen sich und anderem unterscheiden kann und der das Eigene als angenehm und das Fremde als unangenehm empfindet. Dabei ist das Gefühl des Angenehmen immer bezogen auf den eigenen Körper, auf den eigenen Körperraum, der sich von der Umwelt abgrenzt. Die Körpergrenze ist die Haut, die auf unterschiedliche Weise mit der Umwelt »interagiert« (schwitzen, Kälte empfinden etc.). Der Körper ist also stets das Eigene; und das Eigene wird als angenehm bewertet. Das nun, was wir später *innen* nennen werden, ist all das, was Teil des Körpers ist; und *außen* ist all das, was nicht Teil des Körpers ist. Die Wörter *innen* und *außen* spielen dabei im Grunde fast keine entscheidende Rolle, man könnte auch andere willkürliche Gegensatzbegriffe wählen wie etwa *hell* oder *dunkel*; das Entscheidende ist lediglich, dass einer der beiden Begriffe mit Eigenem und mit Angenehmem bzw. mit Fremdem und Unangenehmem identifiziert wird. *Innen* wird jetzt also mit all dem identifiziert, was Teil des Körpers ist, und *außen* mit all dem, was nicht Teil des Körpers ist.

Wie kann es sein, dass ich mein Arbeitszimmer überhaupt als Innenraum erleben kann – und nicht etwa als Außenraum?

Angenommen, ich befinde mich an einem Wintertag in meinem Arbeitszimmer und sehe den Innenraum des Arbeitszimmers, sehe die geschlossenen Fenster und sehe jenseits der Fenster den Außenraum. Ich weiß, dass ich im Zimmer bin, dass die geschlossenen Fenster mich vor dem Eindringen der Kälte schützen und dass es draußen eisig kalt ist. Das, was ich sehe, was Teil meines Bewusstseins ist, ist die Welt, die allerdings eben geteilt ist in den Innenraum (das Arbeitszimmer, in dem ich sitze) und in den Außenraum (der Raum jenseits der Fenstergrenze). Die Tatsache, dass ich einen Innenraum und einen Außenraum erlebe, ist jedoch ausschließlich Teil meines Bewusstseins, Teil meiner Simulation der physikalischen Wirklichkeit. Denn in der physikalischen Wirklichkeit gibt es überhaupt keine Innenräume und keine Außenräume. In der physikalischen Wirklichkeit gibt es lediglich unermesslich viele unterschiedliche, größtenteils physikalisch beschreibbare Vorgänge auf Teilchen- und Wellenebene. Damit physikalische Wirklichkeit als Raum erscheint, insbesondere als Innenraum oder als Außenraum, braucht es jemanden, *für* den ein bestimmter Raum ein Innenraum ist oder *für* den ein bestimmter Raum ein Außenraum ist.

Wenn »ich« bei einem ausgeglichenen Körpergefühl (kein Hunger, kein Zahnweh) in meinem Arbeitszimmer sitze und die physikalische Wirklichkeit simuliere und – einmal angenommen – kein Ich erleben würde, dann würde »ich« auch keinen Innenraum und natürlich auch keinen Außenraum erleben, sondern lediglich irgendeinen unbegrenzten Raum (und das ist vielleicht das, was bei bestimmten Meditationen oder Drogenerfahrungen geschieht).

Nun simuliert mein Gehirn jedoch fortwährend meinen biologischen Organismus, und es simuliert dabei auch die Position meines Organismus, der sich ja innerhalb der physikalischen Wirklichkeit befindet, sich aber von ihr abgrenzt. Es ist demnach unausweichlich, dass bei der Simulation des Organismus auch die Grenze zwischen Organismus und physikalischer Wirklichkeit mitsimuliert werden muss – die Grenze zwischen Eigenem (biologischem Organismus) und Nicht-Eigenem (physikalischer Wirklichkeit), damit aber auch zwischen Angenehmem und

Nicht-Angenehmem, zwischen innen und außen. Wenn das Ich als Simulation des Organismus vom Gehirn also entsprechend dargestellt werden soll, dann muss es (das Ich), um erscheinen zu können, ebenfalls eine Grenze zwischen Eigenem und Nicht-Eigenem erleben. Eigene des Organismus. Die Frage lautet demnach: Wie wird die Grenze des Ichs dargestellt und wie also kommt das Ich-Erleben überhaupt zum Erscheinen? Die Antwort lautet: Das Gehirn »sucht« im Bewusstseinsraum, der simulierten physikalischen Wirklichkeit, nach einer Grenze oder »erfindet« eine solche, mit deren Hilfe aus dem einen Bewusstseinsraum plötzlich zwei Räume werden – Raum 1 und Raum 2; in unserem Fall wird die Fensterwand als Grenze »verwendet«. Genau in dem Augenblick nun, in dem das Gehirn einen der beiden Räume der entstehenden Simulation des eigenen Organismus »zuordnet«, ist die Simulation des eigenen Organismus perfekt – das bewusste Ich erscheint. (Einer der Gründe im Übrigen, warum der Mensch keine bewusste Erinnerung an seine Zeit als Säugling hat, dürfte auch darin liegen, dass der Säugling noch kein bewusstes Ich aufgebaut hat; ein solches aber ist notwendig ist, um bestimmte Ereignisse mit ihm assoziieren zu können.) Das bewusste Ich, die Simulation des eigenen Organismus, wird vom Gehirn also mit Raum 1 »identifiziert«, sagen wir mit dem Arbeitszimmer, und das bedeutet folglich, dass das Arbeitszimmer als Eigenes, als Angenehmes oder eben als innen erlebt wird. Weil »ich« mich im Rahmen der Simulation meines Organismus gewissermaßen mit dem Arbeitszimmer identifiziere, identifiziere ich das Arbeitszimmer als Innenraum, als Raum des Eigenen, und empfinde das so lange als angenehm, als der Innenraum intakt ist (keine Scheibe eingeworfen wird). Erst auf diese Weise also, indem ich das Arbeitszimmer bin und das Arbeitszimmer mit innen identifiziere, entsteht eine Perspektive und das, was man in der Philosophie des Geistes die Erste-Person-Perspektive nennt, das Gefühl, dass stets ich es bin, der etwas erlebt, und dabei stets nach außen blicke und nicht etwa nach innen.

Und ihr Blick fiel in den schönsten Garten, den ihr euch nur denken könnt.[43]

Der Deutlichkeit halber betonen wir, dass man in der Regel mehrere Innenräume erleben kann, die sich permanent auf dynamische Weise ineinander verschränken und an unterschiedliche Situationen anpassen. Sitze ich im Arbeitszimmer und fühle mich körperlich ausgeglichen, dann empfinde ich unbewusst das Arbeitszimmer als meinen Innenraum und damit als mein Ich; aus der biologischen Perspektive bleibt natürlich mein biologischer Organismus der

---

43 Lewis Carroll, Alice im Wunderland, a. a. O., S. 15.

buchstäbliche Innenraum – nur nehme ich diesen buchstäblichen Innenraum auf der Ebene meines phänomenalen Bewusstseins im Augenblick nicht oder kaum wahr. Verspüre ich hingegen plötzlich starke Magenschmerzen und krümme mich kopfüber zu Boden, dann erlebe ich meinen Körper als gestörten Innenraum, um den ich mich vor allem anderen sofort kümmern muss; den Innenraum des Arbeitszimmers jedoch erlebe ich weiterhin als Innenraum, sein Erleben ist allerdings nun im Zuge des intensiven Erlebens des gestörten körperlichen Innenraums in den Hintergrund getreten. Sitze ich im Übrigen im körperlich ausgeglichenen Zustand im Arbeitszimmer und sehe gleichzeitig den Garten, so sitze ich zunächst im Arbeitszimmer, mit dem »ich« mich identifiziere, und nicht im Garten, obwohl der Garten genauso Teil meines gesamten Bewusstseinsraums ist wie das Arbeitszimmer. Gleichwohl ist der Anblick meines Gartens, der außerhalb des Arbeitszimmers liegt, für mich angenehm, und insofern der Anblick mir angenehm ist, ist der Garten für mich Teil eines erweiterten, gewissermaßen befriedeten Innenraums, den ich gleichwohl als vom Arbeitszimmer getrennt identifizieren kann. Ähnlich wie bei einer mittelalterlichen Stadt mit ihren mehrfachen Verteidigungsringen und -wällen, so gibt es im Erleben des Menschen unterschiedliche und unterschiedlich bewusste Formen des Innenraumerlebens: Auf der körperlichen Ebene erfährt der Organismus sich selbst auf unbewusste Weise; auf der phänomenalen Bewusstseinsebene »identifiziert sich« der Organismus mit einem erlebten, intakten Innenraum, hier dem Arbeitszimmer, und »erlebt sich« dadurch »als Ich«; das erlebende Ich kann wiederum einen umgrenzten, außerhalb des Arbeitszimmers liegenden Raum, hier den eigenen Garten, als befriedeten und damit angenehmen und damit zu ihm gehörigen Teil erfahren. Der gleichwohl bestehende Unterschied zwischen dem Erleben des Gartens und dem Erleben des Arbeitszimmers zeigt sich zum Beispiel an den unterschiedlichen Reaktionen auf das Auftauchen einer fremden Person: Sehe ich vom Arbeitszimmer aus plötzlich einen fremden Mann im Garten stehen, so beunruhigt mich das durchaus; steht hingegen plötzlich ein fremder Mann in meinem Arbeitszimmer, so bin ich auf das Fürchterlichste entsetzt. Obwohl der fremde Mann nur dasteht und meinen Körper nicht berührt hat, so ist er doch in mein erlebtes Ich, das Arbeitszimmer, eingedrungen und hat dieses mit einem Schlag zerstört (von dem tatsächlich größeren Gefahrenpotenzial einmal ganz abgesehen). Sehe ich hingegen etwa vom Garten aus draußen auf der Straße eine mir höchst liebenswerte Person vorübergehen, so wird mich das freuen: Die Person ist in dem Moment, in dem ich sie wahrnehme, schon innen, obwohl sie sich buchstäblich noch außerhalb meines Gartenraums befindet.

Zusammengefasst: Wenn ich mich erlebe, so muss ich mich notwendigerweise stets in einem umgrenzten Raum – als Innenraum – erleben. Der ursprüngliche Innenraum ist der eigene Körper; vom Erleben dieses ursprünglichen Innenraums her übertrage ich – stets im Bewusstseinsraum – dieses Ur-Erleben auf weitere Innenräume, und zwar auf buchstäbliche Innenräume wie das Arbeitszimmer oder auf übertragene Innenräume wie den Familienverbund. Je nach Körperzustand (müde oder wach, krank oder gesund) verändern sich die Innenräume, die ich erlebe, ohne dass mir das jeweils explizit bewusst werden würde. Bekomme ich Hunger, erlebe ich den intakten Innenraum des Arbeitszimmers weniger intensiv, hingegen erhöht sich die erlebte Intensität meines körperlichen Befindens.

Diese Andeutungen einer neurowissenschaftlich inspirierten Sicht auf das Erleben von Räumen sind notwendig, um die Verteidigung des gewöhnlichen Lebens auch von neurowissenschaftlicher Seite her zu stärken. Das gewöhnliche Leben können wir nun auch als das Leben betrachten, das in stabilen räumlichen, zeitlichen und sozialen Zusammenhängen selbst eine Form von Ich-Stabilität erfährt. In einer Epoche, in welcher der Zeitgeist den Menschen sagt: Du musst dich ändern, sei dein Projekt, verpasse nichts, stecke dir hohe Ziele, sei räumlich und zeitlich flexibel, hör nicht auf, jeden Tag einen Tick besser zu werden, und zwar dein Leben lang, lass nie nach, verwirkliche dich selbst, in einer solchen Epoche müssen sich viele Menschen auf existenzielle, ermüdende Weise irritiert fühlen und womöglich ein schlechtes Gewissen empfinden, wenn sie gleichwohl versuchen, halbwegs stabile Verhältnisse, halbwegs stabile Räume und das heißt eben auch unbewusst halbwegs stabile Ich-Verhältnisse aufzubauen. Wenn man sich fragt, warum nach allen Erhebungen gerade die Menschen in den Hochburgen des Zeitgeistes trotz ihres materiellen Reichtums nicht selten unglücklich sind, so könnte eine Antwort in der Tatsache zu finden sein, dass sie sich unbewusst und im Grunde wider Willen vom gewöhnlichen Leben haben abbringen lassen.

Kapitel 7

Würdigung von Spießigkeit
und Provinz

*Die Menschen sind in ihren Vergnügen tief unter das
Niveau ihrer schönen Umwelt gesunken. Tausend Ver-
lockungen in ihrer nächsten Umgebung, der baulichen
wie der pflanzlichen Art, die sie kaum beachten.*
Botho Strauß[44]

Gewohnheiten sind wichtig, um unser Ich zu erfahren, um ein stabiles Ich-Gefühl und ein stabiles
Selbstbild von uns zu haben; so gesehen wird auch
das Interesse für die Frage verständlich, wie wir unseren eigenen Wohnort, die konkrete Stadt, in der wir
leben, bewerten und charakterisieren. Städte und
Landschaften genießen wandelbare Renommees.
Manche Menschen, die an einem Ort mit schlechtem
Renommee leben, haben wegen dieses Renommees
womöglich Kummer, zeigen Besuchern die lokalen

---

44 Botho Strauß, Vom Aufenthalt, München 2009, S. 45.

Schokoladenseiten und meinen, schöner könne es in der berühmten Stadt auch nicht sein. Andere, auf dem Lande lebende Menschen erzählen ihrem Besucher bisweilen: »… und wenn am Abend die Sonne über die Hügel streift, dann ist das hier so schön wie in der Toskana.« Sicher, man kann einen Wohnort auch loben, indem man ihn mit einem anderen vergleicht, der gemeinhin als schön gilt. Prinzipiell jedoch ist es für das Erleben des Ichs eine emotional verwickelte Geschichte, wenn allzu wohlfeil als ausgemacht gilt, dass die schönen Städte, die schönen Landschaften immer woanders sind, nur nicht dort, wo ich selbst lebe. Wenn die virtuelle Mauer des »Innenraums Stadt«, dessen Teil ich bin, keine rundum geschlossene Form hat, sondern stets eine klaffende Lücke aufweist, welche die Sehnsucht nach dem vermeintlich schönen Ort oder meine Unzufriedenheit mit dem Image meiner Stadt hineinreißt, dann trägt dies dazu bei, dass ich ein unglückliches Leben führe.

Weil ein unglückliches Leben unangenehm ist, sollte ich Gegenmaßnahmen ergreifen und klugerweise von jenen Handlungen und Gedanken ablassen, von denen ich ablassen kann – und auf das Image pfeifen oder auf die von Werbung und Touristikindustrie mitgeförderte Sehnsucht nach den immer anderen Orten. Mein gewöhnliches Leben ist hier – es wird nie dort sein können, und zwar auch dann nicht, wenn ich umziehe. Mein gewöhnliches Leben, das ist mein Leben in einem bestimmten, halbwegs intakten

Innenraum. Um einen solchen zu erleben, muss ich jedoch nicht in die Toskana ziehen. Einen intakten Innenraum kann ich überall erleben, in *Münster* oder in Gelsen*kirchen*, in *Kloster* oder in Ham*burg*, in Neckar*hausen* oder in Mann*heim*, in Königs*hütte* oder in *Halle*, in Haß*loch* oder in Bad Lieben*zell*, in Stutt*gart* oder in *Hof*, in Er*furt* oder in Ludwigs*hafen*, in Nürn*berg* oder in Wupper*tal*, in Saar*brücken* oder in Dinkels*bühl*, in Delmen*horst* oder in Buch*holz*, in *Hagen* oder in Pass*au*, in Baden*weiler* oder in Oberst*dorf*, in Immen*stadt* oder auf Helgo*land*, in Biele*feld* oder in Mühl*acker*, in Heil*bronn* oder in Pader*born*, in Braun*lage* oder in Finster*walde*, in Trave*münde* oder in Jena-*Paradies*.

Dass wir im Übrigen ein starkes Gefühl für die Heimat der Kindheit hegen, liegt auch darin begründet, dass die Erinnerung an diese ersten gelungenen, bewussten Innenraum- und Ich-Erfahrungen jenes Paradies ist, aus dem wir nicht vertrieben werden können. Diese intensive Raumerfahrung wird in späteren Zusammenhängen an anderen Orten in der Regel nicht übertroffen.

Heimat ist das, was man nicht ertragen kann, wenn man dort ist, und nicht loslassen kann, wenn man weg ist.
Herta Müller[45]

---

45 Herta Müller bei einer Lesung im Literarischen Colloquium Berlin, 11. November 2009.

Zu dem möglichen schlechten Image, das der eigene Wohnort haben kann, zählt auch das Image der Provinzialität. Im täglichen Sprachgebrauch bedeutet Provinz jene meist ländliche oder kleinstädtische Gegend, in der insbesondere im Vergleich zur Großstadt in kultureller Hinsicht vorgeblich wenig geboten wird. Ursprünglich war die Provinz ein unter römischer Verwaltung stehendes, erobertes Gebiet, und insofern es in den zivilisatorischen Einflussbereich Roms kam, konnte es in spezifischer Weise, im Vergleich zu anderen unrömischen Landstrichen, sogar zivilisatorische Standards hinzugewinnen. Ein wichtiges Moment für die aktuelle Neubewertung des Begriffs Provinz dürfte jedoch die Tatsache sein, dass heute die einzigen Phänomene, die es auf dem Lande und in Kleinstädten im Vergleich zur Großstadt nicht im selben Maße gibt, vor allem infrastrukturell komplexe Institutionen wie Opernhäuser und große Theaterbühnen sind sowie typische Großstadterlebnisse, die im kleinstädtischen oder dörflichem Rahmen schlechterdings nicht zu haben sind – etwa inmitten einer großen Menschenmenge über die Ampel zu gehen oder im Berufsverkehr in der U-Bahn hautnah mit unbekannten Pendlern zusammen stehen. Ein urbanes Lebensgefühl entsteht im Übrigen schon aus mathematischen Gründen erst von einer bestimmten Stadtgröße an, aufgrund derer zufällige Begegnungen mit unbekannten Menschen möglich werden; wer in einem 30-Seelen-Dorf spazieren geht, wird in der Regel vergeblich versuchen, in eine fremde Person zu rennen.

Ansonsten lassen sich über die entsprechenden Medien ebenso auf dem Lande alle gesuchten Informationen und auch Bücher, Tonträger und Filme mit annähernd derselben Schnelligkeit und Promptheit beschaffen bzw. aus dem Netz herunterladen wie in Großstädten; außerdem sorgen die klassischen Massenmedien wie Zeitung, Radio und Fernsehen zum Teil für eine landesweit ausgeglichene Gesprächsthemenentwicklung und für ähnliche Erregungsmuster innerhalb der Bevölkerung. Vielleicht sind aber auf dem Lande die Menschen weniger aufgeschlossen als die Menschen in der Stadt? Das meint zumindest ein altes Urteil. Doch ist die Toleranz der Großstadt nicht oft nur ein anderer Ausdruck für Gleichgültigkeit? Von dieser Gleichgültigkeit einmal abgesehen, weiß jeder, der die Lokalteile der Großstadtzeitungen studiert oder als Zugezogener in einer Großstadt lebt, in der Regel sehr genau, dass gerade auch das Großstadtleben uns nicht vor Kleingeistigkeit und Engstirnigkeit zu schützen vermag.

Bevor jedenfalls die modernen Medien, Kommunikationsmittel und das Internet unsere Begegnungs- und Kommunikationsmöglichkeiten radikal erweiterten, quantitativ und qualitativ, bestand in der Regel vor allem in der Stadt die Möglichkeit, in einer bestimmten Szene zu agieren, in einer Literaten-, Homosexuellen-, Ökoszene oder in einem interessanten

Freundeskreis; mittlerweile haben sich jedoch auch auf diesem Segment der Sonderinteressen dank der abonnierbaren Szeneblätter und dank der Internetbörsen und Internetgruppen die Handlungsmöglichkeiten vergrößert; sie gestatten auch den Menschen auf dem Lande die Kontaktaufnahme mit anderen Gleichgesinnten bzw. dank aktueller Verkehrsmittel wie Auto und Eisenbahn die schnelle Anfahrt zu den jeweiligen Peers.

Wie sind wohl die Menschen zu dem Begriff von Freiheit gelangt? Es ist ein großer Gedanke gewesen.
Georg Christoph Lichtenberg[46]

So ähnlich, wie der vermeintliche Mensch von Welt den Provinzler mit Verachtung betrachtet, so betrachtet er auch den Spießbürger. Dabei war der einmal ein ehrenwerter Genosse, dem das Schicksal seines Gemeinwesens eben nicht gleichgültig war. Spießbürger waren im europäischen Mittelalter die mit Spießen bewaffneten Bürger. Sie verteidigten die Stadt gegenüber Feinden mit diesen ihren Vielzweckwaffen. Die Spießbürger waren die Freiwillige Feindeswehr. Im gewöhnlichen Leben gingen sie ihren Berufen nach, waren Würfelmacher, Fassbinder, Händler – und wenn der Ruf »Alarm!« über die Dächer der Stadt ertönte

---

46 Georg Christoph Lichtenberg, Schriften und Briefe, hg. von W. Promies, Bd. 1: Sudelbücher I, München 1973, S. 276.

und durch die Gassen schallte, der Ruf »zu den Waffen«, denn das bedeutet »Alarm« wörtlich, dann ließen sie ihre Würfel, ihre Fässer, ihre Waren stehen und liegen und gingen in die Spießekammer und drehten den Spieß um. Die Spießbürger des Mittelalters verteidigten ihre Freiheit, die Freiheit der Stadt, gegen die Invasoren und die Investoren, in welcher Gestalt sich diese auch zeigten. Die Spießbürger sind die Ahnen der freien, demokratischen Bürger.

Man mag heute im Waffen tragenden US-Bürger noch eine Spielart des Spießbürgers erkennen. Was für Europäer kaum nachvollziehbar ist, gilt in den USA als das Allerselbstverständlichste: dass ein freier Bürger das Recht hat, seinen Grund und Boden, seinen gewöhnlichen Innenraum, gegen Einbrecher zu verteidigen. Wo ich bin, hat kein Einbrecher zu sein. Wer in meinen Innenraum eindringen möchte, um mir zu schaden, der hat kein Anrecht darauf, dies ohne Gegenwehr tun zu dürfen. Komme er, wenn er wolle, der Eindringling – ich kann ihn an seinem Vorhaben nicht hindern; lasse man mich allerdings meinen Willen vollziehen und mich verteidigen, in diesem Fall von der Schusswaffe Gebrauch machen. Sie ist die technische Fortentwicklung des Spießes und der stärkere Arm der Selbstverteidigung.

Wenn wir das gewöhnliche Leben verteidigen, dann wird in diesem zeitgenössischen Zusammenhang offensichtlich: Die letzte verbleibende Avantgarde der Menschheit wird eine Bande von Spießern sein – sofern wir unter Spießer eben genau jenen Menschen verstehen, und ausschließlich ihn, der die für sein Leben und sein Ich-Erleben notwendigen Innenräume aktiv verteidigt. Dieser Spießer stellt Fragen wie diese: Warum dulden wir unsere Untertanenrolle im rasenden Kapitalismus? Warum verwahren wir uns nicht gegen die Zumutungen, die in den immer schnelleren Veränderungen die Norm sehen? Warum lassen wir uns um den Globus hetzen und sehen vor lauter Bildschirmen die Welt nicht mehr? Und er trifft Aussagen wie diese: Wenn wir nicht bald das gewöhnliche Leben wieder schätzen lernen, dann werden wir den Sinn für unser Leben vollends verlieren. Die Menschheit wird spießig sein oder nicht sein. Das ist keine Frage.

Kapitel 8

Topografie
des gewöhnlichen Lebens:
Gärten, Straßen, Plätze

Fast zehre ich von jener Ziel- und Weglosigkeit –
wie von einem unausrottbaren Obstgarten.
Peter Handke[47]

So wie spießbürgerliche Städte eine Stadtmauer hatten,
welche sie umgrenzte und ihnen so Schutz gewährte
und überhaupt eine Formidentität stiftete, so haben et-
liche Häuser einen Garten, der sie umgibt und umgrenzt. Wäre das Haus ein Mensch, dann wäre der Garten das Kostüm, welches das Haus kleidet. Nicht nur
der Mensch ist bekleidet, auch das Haus tritt in ganz
besonderer Weise in Erscheinung. Der gewöhnliche
Garten ums Haus ist ein pflanzlicher Puffer zwischen

---

47 Peter Handke, in: P. H./Alfred Kolleritsch, Schönheit ist die
erste Bürgerpflicht. Briefwechsel, Salzburg und Wien 2008,
S. 249.

Innenraum und Außenraum. In historischer Perspektive war er jedoch zunächst nur ein umgrenztes Stückchen Land, dessen Umgrenzung allerdings von ungeheurer Wirkung war: An die Stelle eines unmarkierten Raumes trat ein geschützter Bereich. Indem der Mensch einen Zaun um eine Fläche zog und sich dabei im umgrenzten Bereich aufhielt, machte er außerdem die Erfahrung der Inbesitznahme, mit der er sich wie von selbst identifizierte. Zugleich freilich entzündete sich an seiner Zaunziehung und seinem Sprechakt: Dies ist mein Land! Das gehört mir! Das bin ich! auch die Debatte über das Recht auf Eigentum und die Frage, ob Eigentum nicht Diebstahl am Gemeingut aller sei; hier offenbart sich das Kernproblem der bürgerlichen Gesellschaft. Doch wo die bewusste Erfahrung eines Ichs erscheint, da ist zugleich notwendigerweise immer auch besetztes Land. Hindere die Menschen an der Erfahrung eigener Räume und du hinderst sie an der Entfaltung eines bewussten Ichs. Auch deshalb forderte die Schriftstellerin Virginia Woolf im Jahre 1929 in ihrem gleichnamigen Essay »ein eigenes Zimmer« sowie ein Jahreseinkommen als Bedingung für die Selbstbestimmung der bürgerlichen Frau.[48]

In mythologischer Hinsicht war der Garten Eden der Kindergarten der jungen Menschheit und zugleich das Internat, aus dem die Menschheit, darge-

---

48 Virginia Woolf, Ein eigenes Zimmer / Drei Guineen, Frankfurt am Main 2001.

stellt als experimentierfreudiges Paar, noch vor ihrer Reifeprüfung wegen störenden Verhaltens hinausgeworfen wurde. Seitdem baut sie kleine Abbilder, in denen sie ungestört Äpfel pflücken und genießen darf. Pflücke nicht nur den Tag, pflücke auch die Erkenntnisse, welche die Lebensbäume dir offerieren.

In bildungspolitischer Hinsicht war der Garten der Auszug der Weisen aus der Stadt des Geschnatters. Platons Gründung eines Akademiegartens außerhalb der Stadt war en passant die Absage an die vielen Bürger Athens, die sich im innerstädtischen Lichtspieltheater lieber den blutrünstigen Aufführungen von Dionysos & Co ergaben als Interesse für die philosophische Wahrheit zu bekunden. Wo Philosophen nach der Wahrheit suchen, da mag noch ein Brunnen plätschern und mögen noch die Lorbeerbäume im Winde säuseln, ansonsten aber vibriert die heitere Stille, aus der das notwendige Wort geboren wird. Dort, wo sich der Garten der Akademie befindet, das Schulgelände und der Universitäts*campus*, dort werden in Seminaren, wörtlich in *Pflanz- und Samenschulen*, Sprösslinge und Zöglinge *kultiviert*.

In thanatologischer Hinsicht stellt auch der Friedhofsgarten den Versuch dar, die verstorbenen Lieben in einem gehegten Raum zu platzieren, sie gewissermaßen dem Tod im Maßlosen nicht ganz zu überlassen, sondern die Erinnerung an sie in einem geschützten Rechteck aufrechtzuerhalten. Diesem Gedanken entspricht das jüdische Friedhofskonzept,

dem zufolge das Grab eines Verstorbenen grundsätz-
lich nicht aufgelassen werden darf; das Grab, als
Einzelgarten eines Menschen, ist dessen bleibende
Identität in der Form des Gedächtnisses.

In praktischer Hinsicht ist der Garten als Gemüse-
und Obstgarten sowie als Heilkräutergarten die natürliche Küche des Überlebens. Früchte und Pflanzen,
die sonst in einem vielleicht unerreichbaren, transzendenten oder gefahrenreichen Außenraum wären,
sind nun Teil des innenraumnahen Grenzbereichs.
Habe ich Lebens- und Heilmittel in meinem Garten,
bin ich von Zulieferern, Zuträgern und großzügigen
Gönnern des Außenraums unabhängig und folglich
autark. Was wir heute allgemein jedoch verlernt haben, ist Gärtner zu sein. Wir sind allzu oft lediglich
unreflektierte Konsumenten des nächstgelegenen Su-
permarktes und kaufen dort, was angeboten wird.
Der Unterschied zwischen Konsument und Gärtner
fällt ins Auge: Wo der Konsument in der Regel blind
den Supermarkt ansteuert, muss der Gärtner die Zusammenhänge und die unmittelbare wie mittelbare
Wirkung seines Tuns mitbedenken. Weil aber nicht
alle Menschen plötzlich Gärtner werden können,
könnten sie allerdings dennoch lernen, so einzukau-
fen, als wären sie Gärtner. Sie könnten damit den
Ausgang aus ihrer selbstverschuldeten Konsumen-
tenunmündigkeit finden und sich en passant zu auf-
geklärten Abnehmern von Lebensmitteln ausbilden.

Ein jeder sucht im Arm des Freundes Ruh,
Dort kann die Brust im Klagen sich ergießen.
Goethe[49]

Doch auch in psychologischer Hinsicht liegen die
Vorteile des Gartens auf der Hand. Erlebe ich im Haus
oder in der Wohnung einen gestörten Innenraum,
weil die Kinder schreien, weil der Partner nervt, weil
der Besuch nicht wieder gehen will, dann flüchte ich
hinaus in den Garten, dann kann der Garten, jener
direkt am Haus, aber auch jener in der sogenannten
Schrebergartenkolonie, einen Ersatzinnenraum bilden, in dem ich aufatme und mich wieder selbst spü-
re und erlebe. Besuchte Goethe sommers seinen
Freund Schiller in Jena, dann ging Schiller mit ihm in
den Garten. Dort zwischen den Rosen auf und ab
wandelnd und am Steintisch in der Laube plaudernd,
erlebten sie den vollendeten Innenraum ihrer Freundschaft.

Auch Goethes Garten seines Hauses am Frauenplan in Weimar war zunächst ein Garten, den Goethe von seinem Arbeits- und Schreibezimmer aus
durch die Fenster stets unmittelbar vor Augen hatte;
die Fenster auf Parterrehöhe zeigten nach Süden,
bei heiterem Wetter leuchtete von der Frühe bis in
den Abend die Pflanzenwelt im Schein der wandern-

---

49 Goethe, Gedenkausgabe, a. a. O., Bd. 1, S. 343.

den Sonne. Die Pflanzen, die Beete, die Wege und Stege boten dem im Arbeitszimmer auf und ab schreitenden und seinem Schreiber »mundierenden« Dichter ein anmutiges Bild. Der Innenraum des Arbeitszimmers wurde so nicht unmittelbar mit einem unwirtlichen Außenraum konfrontiert; der unmittelbare Außenraum stellte vielmehr einen vom Dichter selbst entworfenen, geordneten, abgegrenzten Zwischenraum dar, einen weiteren Innenraum vor der Außenwelt der Stadtstraßen; die Wirkung des Heiteren und des Anmutigen war so auch der Tatsache geschuldet, dass die öffentliche Sphäre mit ihren verkoteten Straßen und fremden Personen ausgeblendet wurde. Hier und nur hier konnte der Dichterfürst aus seinem Hausreich ungestört und ungetrübt in den nachgebildeten Pflanzenkosmos blicken. In diesem kleinen Kosmos betrieb er nach Gusto Studien und fand in der Beobachtung der Gewächse augenfällige Gründe für den Glauben an die göttliche Wohlgeordnetheit der Naturwelt – nicht nur ist die Natur göttlich oder Gott Natur, sondern sie bietet gerade in ihrer Göttlichkeit einen unzerstörbaren Schutzraum, in welchen der Mensch, wandeln Ängste und depressive Stimmungen ihn an, jederzeit hineinflüchten darf. »Die ganze Natur ist eine Melodie, in der eine tiefe Harmonie verborgen ist.«[50] – Ganz

---

50 Goethe, Gedenkausgabe, a. a. O., Bd. 4, S. 266.

anders war der Blick auf der kalten Nordseite von den Repräsentations- und Gesellschaftszimmern aus, von denen Goethe auf den öffentlichen Frauenplan und unmittelbar auf Passanten und Reisende blickte, Reisende, die zu den Fenstern des Dichters hinaufstarrten, in der Hoffnung, das Antlitz des berühmten Mannes zu erhaschen. Goethe sagte: »Warum stehen sie davor? / Ist nicht Türe da und Tor. / Kämen sie getrost herein, / würden wohl empfangen sein.« So weit die Dichtung, in Wahrheit hätte er die Reisenden, quetschten sie sich ohne Anmeldung zur Türe herein, stehenden Dichterfußes hinauskomplimentiert.

Sind Passagen-Orte aber oft nicht die nachdrücklichsten, durch Reibung in der Passagenmenge immer wieder aufflackernde Bilder schaffenden?
Peter Handke[51]

Jede Straße, auch der Frauenplan in Weimar, ist ursprünglich das, was unter den Füßen entsteht und wächst. Gehe von deinem Schlafplatz am Waldrand zum See hinunter und zurück, jeden Tag, und der Weg taucht auf und wächst, das Gras verschwindet. Der Weg ist die Straße als Kind. Sobald ein anderer deinen Weg entdeckt und ihn benutzt, reift er zur Straße her-

---

51 Peter Handke, in: P. H./Alfred Kolleritsch, Schönheit ist die erste Bürgerpflicht, a. a. O., S. 248.

an. Bald ist die ganze Stadt auf ihr unterwegs, und am Sonntagnachmittag sieht man die Bürger in ihrem Putz und ihrem Staat auf der Straße auf und ab promenieren. Die Straße ist der Ort des gewöhnlichen Lebens. Sie ist die Bühne, auf der sich alle präsentieren, auf der Menschen einander kennenlernen und sich verabschieden, sie ist der Ort des Kommens und des Gehens. Vor allem aber ist sie die bekannte Straße, die mich sicher an mein Ziel bringt. Insofern ist sie Teil meines gewöhnlichen Innenraums. Verlasse ich diesen Innenraum und kenne mich nicht mehr aus, dann fürchte ich mich zu verirren; du aber hast womöglich Straßenkarten dabei oder wirst gar von einem Navigationssystem sicher durch unbekannte Gegenden geleitet – für dich sind alle Straßen gewöhnlich.

Wie auf einmal die Straße – in einem Coup der frühen Tage – wieder zu einem begehrenswerten Ort, zu einem Platz im Sinne der Lichtung wurde! Lichtung in der Zeit. Kinder spielten wieder Murmeln, hüpften Seil und gingen auf Stelzen.
Botho Strauß[52]

Wo einst in der Wildnis zwei einzelne Wege aufeinander zuliefen und sich schließlich kreuzten, wo zwei Menschen einander begegneten, sich trafen und aus-

---

52 Botho Strauß, Vom Aufenthalt, a. a. O., S. 44.

tauschten, da begann das Herz der Stadt zu pochen, da begann der Platz sich zu bilden, zaghaft noch und kaum vernehmlich, kaum erkennbar. Der Platz in seiner nach und nach sich entfaltenden Form und Gestalt ist das Sammelbecken, in dem sich die Städter aufhalten, in dem sie Waren austauschen, verkaufen, miteinander ins Gespräch kommen, wo sie sich sehen als wäre der Platz ein Spiegel aus Stein, die umrahmte Agora, in der sie sich selbst erkennen. Auf dem Platz kommt die Stadt zu sich, kommt sie zum Bewusstsein ihrer selbst.

Gruppen werden von vielen Kräften, nicht zuletzt auch von öffentlichen Plätzen, zusammengehalten, diesen Klebstoffen des sozialen Lebens. Wenn man sehen will, wie es den anderen geht – der Platz ist der Ort dafür, er ist der Teller, der jeden im Laufe des Tages oder doch der Woche einmal dem öffentlichen Auge serviert. Er lässt niemanden los, der in seinen Sog geraten ist. Das liegt auch daran, dass wer am Rand eines Platzes sitzt, in Siena etwa, einen wohlumgrenzten Innenraum erlebt. Der Platz bildet einen Bewusstseinsraum. Du bist der Platz.

Auf diesen Platz kommen permanent neue Menschen, andere verschwinden, keine Bewegung entgeht dem Beobachter, jede wird unbewusst bewertet in Hinsicht auf ihre mögliche Bedeutung für das eigene Leben. Taucht eine womöglich erwünschte, ersehnte Person im Bewusstseinsraum auf? Formiert sich eine Gefahr? Oder sind die zahlreichen Bewegungen für ihn und seine Situation gleichgültig? Wer plaudert warum mit wem? Man erfährt es auf dem Platz, hier erfährt man auch, wie es einem selbst ergeht im Feld der Kommune, welche Stellung man einnimmt in ihr und erobert hat. Auf dem Platz werden nicht nur Waren feilgeboten, sondern auch Gerüchte und Geschichten.

Sobald der Mensch den Platz wieder verlassen soll, verlassen muss, begibt er sich in die Ungewissheit hinein. Er verlässt den Innenraum und verschwindet in einer unübersichtlichen, gekrümmten Gasse womöglich. Die Gasse ist der Transitraum, wo führt sie hin? Kenne ich sie nicht, dann frage ich mich, ob sie je wieder in einen intakten Innenraum mündet oder ob sie mich nicht geradewegs ins Verderben führt.

Kapitel 9

Zeiträume als Orientierungshilfe

Alle Tageszeiten sind räumlich –
können es sein (werden).
Peter Handke[53]

Wer in einer langweiligen Zeit lebt, der hat Glück. Denn aufregende Zeiten sind in der Regel unangenehme Zeiten, Zeiten des Umsturzes, des Krieges, in denen Räume gewaltsam umgestaltet werden oder zusammenfallen unter der Sprengkraft explodierender Raketen. Die aufregende, doch weitgehend friedliche Implosion des sowjetischen Imperiums war die in der jüngsten Epoche überraschende Ausnahme von der Regel. Es schadete in psychologischer Hinsicht nicht, dass in den entscheidenden Umbaujahren auch Michael Gorbatschow, der für die Perestroika verantwortliche Generalsekretär der

---

53 Peter Handke, Gestern unterwegs, Aufzeichnungen November 1987 bis Juli 1990, Frankfurt am Main 2007, S. 422.

KPdSU, vom gemeinsamen Haus nicht nur Europas träumte, sondern von einem Haus, dessen unwahrscheinlich großes Dach von San Francisco bis Wladiwostok gespannt werden sollte; die UdSSR verschwand in einem Moment, während sie in einem größeren Wohngebilde aufzugehen schien.

Die heutige westliche Epoche ist in vielerlei Hinsicht die Epoche der Zukunft, in Deutschland ist das auch trotz der erinnerungspolitischen Konzentration auf die Katastrophe des Nationalsozialismus so. Die Luft ist von Ideen und Experimenten erfüllt, im wissenschaftlichen und im täglichen Leben führen sie zu neuen Erkenntnissen, deren Anwendungen künftig nach Möglichkeit das Leben erleichtern sollen. Auch Projekte zielen auf Verwirklichung in der kommenden Zeit, und ist ein Projekt erst einmal verwirklicht, dann erscheint bereits ein neues Projekt am Projektionshimmel.

Insofern wir aber immerzu in Projekten leben, stellt sich die Frage, ob wir jemals ankommen? Ob wir jemals sagen können, wir sind da, wir sind hier zu Hause, wir bauen ein stabiles Innenraum-Außenraum-Verhältnis auf und haben so ein gewöhnliches Zeiterleben? Eine Verteidigung des gewöhnlichen Lebens ist notwendigerweise auch eine Verteidigung des gewöhnlichen Zeiterlebens, insofern das gewöhnliche Zeiterleben mit dem Erleben von stabilen Innenräumen und dem Wechsel von Innenraum zu Innenraum zu tun hat. Aus der Sicht des Menschen ist die Zeit schon insoweit wie ein Raum, als sie in erster Linie als die Dimension erlebt wird, in der sich das Leben entfaltet und in die hinein der Mensch sich bewegt, eine Dimension der Wahrnehmung und Handlungsaktivität. Wenn an der subjektiven Wahrheit der allseits hörbaren Klagen über die rasende Zeit nicht zu zweifeln ist, so wäre nach dem Grund für dieses Zeitempfinden zu fragen.

Wer viel Zeit hat, der hat viel Raum. Der Raum ist hierbei zunächst von Grund auf problematisch, weil sich der Mensch den Raum jeweils erst aneignen muss: Er muss ihn nach Möglichkeit umfassend wahrnehmen, ihn überschauen, muss seine strukturellen und funktionalen Zusammenhänge erkennen und im Hinblick auf sich selbst bewerten. Der Mensch macht den Raum in Bezug auf sich selbst bedeutsam und teilt ihn dementsprechend auf, zieht Grenzen sowohl in der Wahrnehmung wie auch in seinem Handeln. Zieht er keine Grenzen und macht den Raum nicht überschaubar, dann kann er keinen Begriff entwickeln davon, was er mit dem Raum anfangen soll. So viel Raum, so viel weites Land – und dann keinen Raumteiler haben! Soll ich mich nach links oder nach rechts wenden – ich weiß es nicht, es macht ja kaum einen Unterschied. Soll ich geradeaus gehen oder rückwärts – ich weiß es nicht. Wozu sollte ich überhaupt gehen? Diese Unlust, mit dem unüberschaubaren Raum umzugehen, ist nichts anderes als das Phänomen, das man Langeweile nennt.

Diesen Zusammenhang zwischen Raum und Zeit erläutern wir anhand zweier Szenen.

Zeit urbar machen.
Georg Christoph Lichtenberg[54]

Stellen wir uns eine Fabrikhalle vor, die völlig ausgeräumt ist. Wir sitzen darin auf einem Sessel an einer der beiden Stirnwände. Wir haben die gesamte Halle mit einem einzigen Blick erfasst. Eine Stimme aus dem Lautsprecher sagt uns, diese Halle sei unser neues Zuhause, unsere Wohnung, hier werden wir die nächsten drei Monate verbringen.

Wunderbar, sagen wir uns, endlich richtig viel Wohnraum. Wir sitzen eine Weile auf dem Sessel und betrachten die Halle und sinnen vor uns hin. Schließlich wird uns bewusst, dass es nichts zu tun gibt. Wir beschließen, durch die Halle zu schlendern. Wir gehen so weit, bis wir an ihrem anderen Ende ankommen. Dort bemerken wir, dass die Halle eine Sehenswürdigkeit besitzt, mit der wir nicht gerechnet hatten: Bei der Sehenswürdigkeit handelt es sich um unseren Sessel.

Er steht auf der anderen Hallenseite. Obwohl wir erst kurze Zeit in der Halle sind, fühlen wir schon ein gewisses Heimweh nach unserem Sessel, es dauert

---

54 Georg Christoph Lichtenberg, Schriften und Briefe, a. a. O., S. 245.

nicht lange und wir machen uns auf den Weg zurück zu ihm. Ziemlich schnell wird uns klar, dass dieser Sessel jener Gegenstand ist, an dem wir uns festhalten können: unser Basislager. Und an die Rückwand schreiben wir mit einem virtuellen Stift die virtuelle Zeile: Hier bin ich Mensch, hier darf ich's sein!

Weil wir hier drei Monate leben werden, fangen wir bald an, Pläne zu schmieden, wie wir die Zeit am besten herumbringen werden. Der erste Plan sieht vor, jeden Tag dreißig Runden durch die Halle zu gehen. Wir werden den Plan einhalten, wir halten uns an unsere Vorsätze. Doch das Gehen, mit dem wir sogleich beginnen, erscheint uns bald als langweilig. Langweilig heißt hier: Uns wird die Zeit lang, sie verläuft schleppend. Die Tage, die kommen, erfahren wir als eintönig. Die Eintönigkeit wird zunehmend quälend. Mit einem Wort: Wir können es kaum erwarten, dass die drei Monate vorüber sind.

Nach den drei Monaten sind wir erlöst, wir nehmen unser herkömmliches Leben wieder auf. Wenn wir nach einiger Zeit versuchen, uns an unsere Zeit in der Fabrikhalle zurückzuerinnern, dann wird uns auffallen, dass all die Tage, die wir dort verbracht haben, praktisch zu einem einzigen Tag zusammengeschrumpft sind, und wir wissen nicht mehr, wann wir welches Tagessoll – dreißig Runden – in welcher Verfassung erfüllt haben.

Während uns in der Fabrikhalle die Zeit lang wurde, erscheint sie uns in der Erinnerung als eine kurze

Zeit. Aus einer scheinbaren Ewigkeit, aus den kalendarischen drei Monaten, ist das Erleben eines einzigen Tages geworden.

Nichts gehört uns als nur die Zeit, in welcher selbst der lebt, der keine Wohnung hat.
Baltasar Gracián[55]

Stellen wir uns dieselbe Fabrikhalle vor, in der nun die gesamte Fläche aus einem unübersichtlichen Labyrinth zahlreicher Innenräume besteht, das ein wildes Architektenteam geplant und gestaltet hat: In ihm gibt es kleine und große Räume, mehrstöckige Häuser, runde, schmale, bunte Räume, Räume mit Möbeln aus unterschiedlichen Epochen; zwischen den Häusern verlaufen gerade Gassen und solche, die sich ewig dahinschlängeln; es erwarten kaum unüberschaubar viele Restaurants unseren Besuch, eine Universität bietet Seminare und Vorlesungen an, Spielplätze, Büsche, Bäume, Badeteiche sind Teil des musischen Bezirks.

Wir sitzen wieder an einer der Stirnseiten auf dem Sessel, wir blicken auf diese undurchdringlich scheinende Welt direkt vor unseren Augen, und wir erfah-

---

55 Baltasar Gracián, Handorakel und Kunst der Weltklugheit, Aus dessen Werken gezogen von D. Vincencio Juan de Lastanosa und aus dem spanischen Original treu und sorgfältig übersetzt von Arthur Schopenhauer, München 2005, Nr. 247, S. 140.

ren, dass wir die nächsten drei Monate hier leben werden.

Wir atmen durch. Nach einer gewissen Zeit gehen wir auf Entdeckungstour. Dabei kommen wir zunächst nicht weit, die Vielfalt der Räume verwirrt uns schon zu Beginn unseres Rundgangs. Und ehe wir uns versehen, ist die Zeit fürs Mittagessen gekommen; wir begeben uns in eine thailändische Garküche, aus der angenehme Düfte wehen. Während wir speisen, befinden wir uns Luftlinie höchstens zwanzig Schritte von unserem Sessel entfernt, aber wir wissen längst nicht mehr, wo wir sind, nur die Richtung, in welcher der Sessel steht, meinen wir zu kennen. Nach dem Mittagessen möchten wir zurück. Der Weg, den wir einschlagen, scheint zu stimmen, doch kommen wir durch Gegenden, durch die wir heute Vormittag nicht gekommen sind. Wir wundern uns, und als wir Stunden später das Labyrinth verlassen können, befinden wir uns nur drei Schritte vom Sessel entfernt. Wir sind froh, ihn gefunden zu haben. Es ist schon Abend, die Zeit ist wie im Fluge vergangen, wir sind müde und wollen erst am nächsten Morgen die Erkundungstour fortsetzen – wir haben schließlich drei Monate Zeit.

Die Lehre aus Szene 2 lässt sich komprimiert so formulieren: Geht ein Mensch durch viele Räume, insbesondere durch Räume, die er nicht kennt, dann vergeht ihm die Zeit schnell. In der Erinnerung jedoch, im Rückblick, wird ihm die Zeit als eine rei-

che, lange, vielgestaltige erscheinen, in der er kaum
fassbar vieles erlebt hat.

Und doch macht die Zeit manchmal am Tag unvermutete
Sprünge, wie wenn man eingenickt wäre.
Peter Handke[56]

Um uns für Szene 1 und Szene 2 noch einmal aus-
drücklich einen Überblick zu verschaffen: Die beiden
Szenen deuten an, dass das Erleben von Zeit auf inni-
ge Weise mit dem Erleben von Räumen zusammenhängt, wohlgemerkt unabhängig von der Frage, ob es
sich bei den Räumen um buchstäbliche oder um metaphorische Räume handelt.

Das Zeit-Empfinden ist dabei von der physikalisch begriffenen Zeit zu unterscheiden. Unter physikalischer Zeit verstehen wir vor allem die regelmäßig
verlaufende Zeit der Uhren. Selbstverständlich sind
Sekunden willkürlich festgelegt, genauso wie der Ur-
meter zu Paris willkürlich festgelegt ist – doch ist dies
im Hinblick auf die physikalische Zeit nicht der sprin-
gende Punkt; der Punkt ist der, dass sie regelmäßig
verläuft, eine Sekunde also nur für sich genommen
immer gleich lang ist, egal, ob Hinz oder Kunz sie
erlebt, egal, ob man hundemüde ist oder hellwach,
egal, ob man in Hütten oder in Palästen haust. Auf

---

56 Peter Handke, Das Gewicht der Welt, Salzburg 1977, S. 240.

dem Blatt der idealen Uhr, die immer gleich geht und also weder vor- noch nachgeht, ist die Sekunde immer nur eine Sekunde lang und nichts sonst. Was die Regelmäßigkeit der Uhrzeit angeht, so hat sie ihr Vorbild in der Regelmäßigkeit der natürlichen Rhythmen, des Wechsels von Tag und Nacht und des Verlaufs der Jahreszeiten.

Dass wir im gewöhnlichen Leben immer wieder Anlass finden, bestimmte Redewendungen zu gebrauchen wie etwa diese: »Die Zeit verging wie im Fluge« oder diese: »Die Zeit wollte einfach nicht vergehen«, kommt in maßgeblicher Weise daher, dass wir unser Zeitempfinden stets mit der physikalischen Zeit abgleichen und dabei unsere unbewusste Erkenntnis zum Ausdruck bringen, dass das Zeitempfinden nicht mit der physikalischen Zeit deckungsgleich ist. Wir glauben intuitiv, unser Empfinden müsste uns die Zeit so regelmäßig erscheinen lassen wie die physikalische Zeit und verkennen, dass wir das Ablaufen der physikalischen Zeit ja gar nicht empfinden können – wir können lediglich das Ticken des Sekundenzeigers hören oder das Fließen des Flusswassers sehen. Zugleich verstehen wir noch nicht, dass das Zeitempfinden vor allem mit dem Erleben von Räumen und mit dem Erlebnis des Raumwechsels zu tun hat.

Gehen wir davon aus, wir würden uns am Ende des jeweils ersten Tages über unser Zeiterleben Rechenschaft geben und aus ihm Rückschlüsse ziehen, die uns weiterhelfen in unserem Verlangen, die Welt zu verstehen, dann würden wir in Bezug auf Szene 1 offensichtlich sagen: Die Zeit verging langsam – ja, sie wollte gar nicht vergehen. In Bezug auf Szene 2 hingegen würden wir voraussichtlich zu Protokoll geben: Die Zeit verging wie im Fluge. In beiden Szenen dauerte der Tag gemäß der physikalischen Zeit aber genau vierundzwanzig Stunden.

Die Pointe ist die Erkenntnis, dass es nicht ausreicht, das Leben und damit das Erleben des Lebens einzig und allein in Beziehung zur physikalischen Zeit zu setzen. Von durchaus existenzieller Wichtigkeit ist die physikalische Zeit ausschließlich zur Koordinierung des Weltverkehrs, wozu auf der Ebene des Persönlichen auch das Einhalten von Verabredungen gehört, denn zu meinem Rendezvous komme ich nur dann mit Sicherheit zur richtigen Zeit, wenn ich mich an der öffentlich zugänglichen und weltweit abgestimmten physikalischen Zeit orientiere und nicht an meinem privaten Zeitempfinden.

Das Entscheidende für die Erkenntnis des Zeitempfindens ist vielmehr die Einsicht, dass das jeweilige Zeitempfinden vom Erleben unterschiedlicher Räume und vom Erlebnis des Raumwechsels abhängt. Das heißt: Erlebe ich viele Räume und viele Raumwechsel, dann vergeht mir die Zeit wie im Fluge; sie erscheint mir aber im Nachhinein, in der Erinnerung, als eine reichhaltige, als eine Zeit von langer Dauer. Erlebe ich hingegen wenige Räume und wenige Raumwechsel, dann vergeht die Zeit fast gar nicht, sie erscheint mir als schleppend; jedoch im Nachhinein, in der Erinnerung, schrumpft sie zusammen, aus Jahren wird ein Tag, sie scheint mir schnell vergangen zu sein.

An dieser Stelle sei daran erinnert, dass ein vielfältiger Raumwechsel auch durch den Wechsel zahlreicher übertragener Räume erlebt werden kann. Ich befinde mich zum Beispiel als Händler mein Leben lang ausschließlich auf dem Marktplatz, in einem einzigen buchstäblichen Raum; in ihm geschieht jedoch außerordentlich viel, und so komme ich durch viele unterschiedliche übertragene Räume, je nachdem, was auf dem Platz geschieht und was ich auf ihm erlebe. Gewöhnliches Zeiterleben heißt so vor allem, einzelne überschaubare Zeiträume zu erleben, in denen jeder sich für bestimmte Handlungen aufhalten kann, bevor er weiterzieht in einen anderen Zeitraum, in dem er wieder für etwas anderes Zeit und Raum findet.

Der Zeitraum, der uns zur Verfügung steht, ist begrenzt, er ist überschaubar. Der Mensch, der Zeit hat, weiß in etwa, wie viel Zeit er hat. Wäre der Raum, in dem er sich aufhält, unbegrenzt und hätte er folglich unendlich viel Zeit, dann hätte er paradoxerweise keine Zeit: Denn gerade wer unendlich viel Zeit hat, weiß nicht, was er mit der Zeit anfangen soll, weiß nicht, was er tun soll, insofern er sich zugleich in einem unbegrenzten Raum befindet – zum Beispiel in einer zeichenlosen, weißen Wüste, in der nur Schnee vorüberweht: Wohin in dieser zeichenlosen Einöde soll er seinen Schritt wenden? Er weiß es nicht, und wenn er dennoch geht, so allein aus Verzweiflung darüber, verloren zu sein.

Freilich wenn das Frühjahr eintritt,
Märzenglöckchen und Crocus hervorbrechen,
so begreift man kaum, wie man in dem
Schnee- und Eiskerker fortexistieren konnte.
Goethe[57]

Jahreszeiten sind wenigstens in den gemäßigten Zonen der Nordhalbkugel die vier unterschiedlichen Saisons des Jahres. Ihre Einteilung entspricht exakten meteorologischen Epochen, die real existierenden Übergänge zwischen ihnen sind fließend. Jahreszeiten helfen den Menschen, in meteorologischer Hinsicht eine Frage zu beantworten, die für jeden Menschen wichtig ist, und zwar jenseits der existenziellen Zeiteinteilungen im engeren Sinne, zu denen die Bauernregeln zählen. Die Frage nämlich: Wo sind wir? Neben den täglichen Innenräumen wie Schlafzimmer oder Freundeskreis eröffnen sich auch die Innenräume der Jahreszeiten. In ihnen erleben wir Räume, die zunächst vor allem für agrarisch geformte Gesellschaften und ihr Überleben, in Bezug auf Anbau und

---

57 Goethe, Gedenkausgabe, a. a. O., Bd. 1, S. 431.

Ernte von Lebensmitteln, von existenzieller Bedeutung sind.

Jeder Mensch erlebt in den Jahreszeiträumen jeweils andere Gefühle. Gleichwohl gibt es eine gewisse Übereinstimmung in ihnen.

Der Frühling als Übergangsraum zwischen Winter und Sommer ist der Raum der länger werdenden Tage, der steigenden Temperaturen, des Wiederauflebens der Natur. Er ist jener Raum, der die Menschen nicht unberührt lässt und sie in eine solche sympathetische Aufregung versetzt, dass sie in ihm mit offenen Armen umherlaufen. Sie signalisieren damit einen geöffneten Raum, den ein anderer betreten darf. Der Sinn der Umarmung ist das symbolische als auch das reale Bauen eines gemeinsamen Raums, dessen tragendes Fachwerk aus vier Armen besteht. Die Frühlingserregtheit jedenfalls stärkt die menschliche und nicht nur die menschliche Neigung, sich einem Liebsten hinzugeben und mit ihm ein Haus zu bauen.

Der Sommer ist der Raum, in dem die Tage schicklicherweise ins Land gehen. Der Raum, in dem die Menschen am liebsten alles stehen und liegen lassen würden, um nur mehr lange, warme Tage zu leben.

Der Herbst ist wieder ein Übergangsraum. Mit seiner legeren Eleganz, der hippen Lust am Blätterfärben und der Freizügigkeit des Entblätterns stimmt er viele Menschen nachdenklich und wirkt als Farbenspiel gleichwohl faszinierend. Mit seiner Freude an der Ernte bildet er das Gegenstück zur Blüten-

und Befruchtungslust im Frühlingsraum. Was im Frühling beginnt, wird im Herbst vollendet – und nirgendwo ist das Wort Vollendung so angebracht wie im Zusammenhang mit der Ernte. Wenn die Liebe zwischen Menschen im Frühling beginnt, wird die Frucht im Herbst sichtbar. Der Herbst ist aber als Raum vor dem dunklen Winter zugleich der melancholisch stimmende Salon. Die Tage werden kürzer, der farbige Glitter der Welt ist nur ein Schein, dahinter offenbaren sich jähes Entsetzen, Leere und Kahlheit. »Wer jetzt kein Haus hat, baut sich keines mehr.«[58] Wer jetzt die Ernte nicht einfährt, der wird im Winter verenden. Im Herbst wird die Abrechnung offenbar.

Der Winter schließlich ist, in vorelektrifizierter Zeit, der tatsächlich weitgehend dunkle Raum, illuminiert von Kerzen nur und der Hoffnung auf die Geburt des Lichts zur Zeit der Wintersonnenwende. Im Zuge der Elektrifizierungsmaßnahmen, der Räum- und Streudienste sowie durch die unentwegt im Kaminzimmer des Fernsehers und des Computers flackernden medialen Flammen ist dieser Raum in seinem Charakter verwandelt worden. Im Grunde tut die moderne Zivilisation alles dafür, den Winter als Winter aus dem Bewusstsein verschwinden zu lassen – abgesehen von jenen wenigen Tagen, an denen Ski-

---

58 Vers aus »Herbsttag«, in: Rainer Maria Rilke, Die Gedichte, Frankfurt am Main [15]2004, S. 344.

urlauber an den präparierten Berghängen über den Schnee rutschen.

Wo die Witterung unwirtlich ist, empfiehlt sich die Stille, die Inventur, genau so, wie im Nachtraum ohne künstliches Licht der buchstäbliche Raum zusammenschrumpft auf den eigenen Körper, der in der Höhle, im gewärmten Federbett, schlummert.

In gewissen Strichen der deutschen Lande bricht eine fünfte Saison an: die Zeit der Narren, die nicht ohne Grund zeitgleich mit dem Winter kommt. Die Winternacht gebiert Träume in Form von Narren. Es ist, als wäre das Theater eine Erfindung der Träume, als wären die ersten Bühnenfiguren die bunt gekleideten, real durch die Gassen springenden Narren. Gerade indem in der von Narren belebten Nacht des Winters nicht Stille herrscht, eine tödliche Stille, beweisen die Menschen einander, am Leben zu sein.

Die Durchdringung sämtlicher Lebensbereiche mit ökonomischen Prinzipien, die »Kolonisierung der Lebenswelt«[59] trägt dazu bei, die Räume der Jahreszeiten zu verwischen – wenn etwa Supermärkte bereits im September Weihnachtsgebäck auslegen oder auch dann noch Obst und Gemüse anbieten, wenn deren natürliche Saison längst vorüber ist. Auch die weitgehende Loslösung von einem rhythmisierten Jahresablauf, wie er sich etwa im Christentum mit dem genau

---

59 Jürgen Habermas, in: J. H. (Hrsg.), Stichworte zur »Geistigen Situation der Zeit«, Bd. 1, Frankfurt am Main 1980, S. 58.

strukturierten Kirchenjahr zeigt oder auch mit regelmäßig wiederkehrenden, ritualisierten Festen wie dem Erntedankfest, trägt zur Zerfaserung des Jahreszeitraumerlebens bei. Wenn ich nicht mehr weiß, wo ich bin, kann ich auch kein klar strukturiertes Zeiterleben haben – ich bemerke gar nicht, wie die Zeit vorübergeht, und bin entsetzt, wenn ich sehe, dass schon wieder ein Jahr vergangen ist.

Fragen wir jemanden, was er vor zwei oder drei Wochen getan hat – er wird es in der Regel nicht sagen können. Dass er es nicht sagen kann, hängt nicht zuletzt damit zusammen, dass er nicht mehr weiß, in welchem Raum er sich vor zwei oder drei Wochen befand – schließlich ist jede Woche fast wie die andere, die Wochenräume sind ununterscheidbar, hilflos ist die Erinnerung, welche die klar konturierten Raumwände braucht wie Efeu die Wand, an der er klettern kann.

Das Zeitempfinden lässt sich indes beeinflussen. Der größte Gewinn wäre es, für sein eigenes Leben klar strukturierte Zeiträume zu schaffen. Und das gilt nicht nur für die Jahreszeiträume, es gilt für jede Art von Raum. Nur mit einem klar strukturierten Zeitraum und einem damit klar verbundenen Ich-Erleben werde ich auch das Erinnerungsvermögen mit diesem jeweiligen Raum verbinden können. Dabei wird mein Zeiterleben umso reicher, je mehr Räume ich wechsle – seien es buchstäbliche oder metaphorische.

Kapitel 10

Der Schlüssel zur Gelassenheit: sich im Alltag einrichten

Kritik der Höchstleistung

Mögen hätte ich schon wollen,
aber dürfen hab' ich mich nicht getraut.
Karl Valentin[60]

Durchdrungen und geprägt vom Sirenengesang des Zeitgeistes, leiden viele Menschen im beruflichen und privaten Lebensbereich unter der Befürchtung, nicht gut genug zu sein. Wer glaubt, nicht gut genug zu sein, ist mit sich unzufrieden, und diese Unzufriedenheit ist wie eine schmerzliche Lücke in der Hauswand des eigenen Ichs. Ich fühle mich so lange nicht wohl in diesem Haus, solange diese Lücke nicht geschlossen ist. Deshalb werde ich alles Mögliche dafür tun, um die Lücke zu schließen: Ich beginne eine Diät, ich

---

60 Karl Valentin, Mein komisches Wörterbuch, hg. von Dieter Wöhrle, München ⁴2009, S. 17.

141

gehe ins Fitnessstudio, ich mache eine Fortbildung, ich kleide mich neu ein, ich überlasse meinen Körper dem Schönheitschirurgen, als wäre er der Bildhauer meines Glücks.

Alle diese Maßnahmen helfen jedoch nicht, diese Lücke wirklich zu schließen – und das nicht zuletzt deshalb, weil das Leben aus unaufhörlichen Prozessen besteht und es in ihm daher keine abgeschlossenen Zustände geben kann: Habe ich die Diät erfolgreich durchgeführt, meldet sich der Appetit von Neuem, und nach wenigen Wochen bin ich der Ansicht, dass ich wieder ein paar Kilos zu viel auf den Rippen habe. Weil ich letztlich nie in den dauerhaften Zustand komme, in dem ich für immer zufrieden wäre, leide ich Kummer, und das Scheitern an meinem Ziel wird zu jenem Scheitern, das mir schmerzlich bewusst wird.

Ich möchte lieber nicht.
Herman Melville[61]

Du musst dein Leben nicht ändern, sondern: Du musst dein Leben ändern *können*. Wichtig ist allein die Fähigkeit, Anpassungsleistungen vorzunehmen

---

61 Vgl. Herman Melville, Bartleby, der Schreibgehilfe. Eine Geschichte aus der Wall Street, übersetzt von Elisabeth Schnack, München 2002. Mit dieser kleinen Erzählung darf Melville den Anspruch erheben, eines der tiefsinnigsten Bücher aller Zeiten verfasst zu haben.

für den Fall, dass die Situation dieses erfordert. Wird die Scheibe meiner Wohnung eingeworfen, muss ich wissen, wie man praktisch mit einer solchen Situation umgeht. Habe ich undefinierbare Schmerzen im Magenbereich, muss ich diese ernst nehmen und überlegen, ob ich nicht besser ärztlichen Rat einhole. Bin ich aber in meinem Zuhause zufrieden, fühle ich mich gesund, gefällt es mir, so zu leben, wie ich lebe, dann ist alles gut. Bin ich mit meinem Opel Astra zufrieden, dann brauche ich keinen Mercedes-Stern. Wenn mir der Schwarzwald gefällt, dann kann ich mir die Toskana schenken. Was zählt, ist einzig und allein mein Erleben intakter Innenräume.

Kritik der Sterne oder
Warum Stars die falschen Vorbilder sind

Man liest nicht in Gesellschaft in den Sternen.
Die Unendlichkeit isoliert – sogar vom vertrautesten
Menschen, den man zur Seite hat.
Botho Strauß[62]

Wie aber verhält es sich mit den Sternen des gesellschaftlichen Universums – jenen nicht nur im engli-

---

62 Botho Strauß, Vom Aufenthalt, a. a. O., S. 45.

schen Sprachraum eben nach den Sternen benannten Stars? Ist ein zeitgenössischer Thales vorstellbar, dessen Gemüt *dieser* bestirnte Himmel mit immer neuer und zunehmender Bewunderung und Ehrfurcht erfüllt, so wie es Immanuel Kant angesichts des astronomischen Himmels erging?

In Anbetracht des aktuellen Star-Personals ist dieses unvorstellbar. Das Einzige, was der physikalische und der gesellschaftliche Sternenhimmel gemeinsam haben, ist die Tatsache, dass unter beiden Himmeln uns Licht auch von jenen Sternen erreicht, die längst erloschen sind. Ansonsten können aus der Riege der Wissenschaftler nur die Soziologen, die Psychologen und die Marktexperten zu diesen Sternen aufblicken und ohne in einen Brunnen zu fallen über sie forschen.

Das eine, alle Stars vereinende Charakteristikum ist ihre Berühmtheit. Berühmt wurden bis ins 20. Jahrhundert hinein in der Regel Menschen, die entweder etwas konnten (wie der Dichter Homer oder der Musiker Mozart) oder die in einer hervorragenden (wörtlich übersetzt: prominenten) Position agierten (wie der Politiker Cäsar oder der Kaiser Napoleon). Im Zuge der Ausbildung der Massenmediengesellschaft im 19. und besonders im 20. Jahrhundert haben sich die Kriterien dafür, wie ein Mensch Berühmtheit erlangen kann, verändert. Neben der nach wie vor wichtigen Frage, ob ein Mensch sich in einer herausgehobenen Position platzieren kann (wie der 43. US-Präsident George W. Bush, der trotz seiner eigentlich unrühmlichen Amtsführung allein seiner Präsidentschaft wegen berühmt wurde), ist vor allem die Frage entscheidend, ob es einem über eine längere Zeit hin gelingt, die Aufmerksamkeit der Medien auf sich zu ziehen. Gelingt einem das, wird man berühmt werden und ein Star sein, wie es etwa die US-Amerikanerin Paris Hilton fertigbrachte, die den Inbegriff der durchschnittlichen Talentiertheit verkörpert: Angeregt von einem exzessiven astropoietischen Exhibitionismus und im Wechselspiel mit einer skandalhungrigen, Skandale miterschaffenden Text- und Fotopresse, hat diese Frau es im Handumdrehen geschafft, für fast nichts und wieder nichts zu einer Millionen Dollars schweren Zeitgeistberühmtheit in den US-amerikanisch geprägten Medienparks des Globus zu werden.

So ist das Starsystem ein System, bei dem einzig die Frage zählt: Bist du in den Medien oder bist du nicht in den Medien? Für Stars gilt, was Oscar Wilde formuliert hat: Es gibt nur eins, was schlimmer ist, als im Gerede zu sein, nämlich, nicht im Gerede zu sein.

Selbstverständlich finden sich unter den heutigen Stars auch Menschen, die tatsächlich irgendetwas besonders gut können (oder, wie etwa Models wegen ihrer Schönheit, in besonderer Weise auffallen), und zwar besser, als die meisten anderen desselben Fachs. So spielt die Violinistin Anne Sophie Mutter tatsächlich sehr gut Geige – wobei das Geigenspiel sicher ein zentraler, notwendiger, wenn auch kein hinreichender Grund für ihre Berühmtheit ist: dazu kommen neben dem Beherrschen der Klaviatur des Karrierespringens und neben den glücklichen Umständen auch ein gutes Aussehen und mitteilsame Klugheit.

Das heißt jedoch in der Folge, dass es heute für einen Menschen, der etwas auf sich hält, geradezu problematisch ist, wenn er zu einem Star werden sollte. Denn ein Star zu sein, begründet sich eben nicht allein durch die öffentlich exponierte Besonderheit, wie dem erwähnten überragenden Geigenspiel. Wer faktisch als ein Star gilt, muss für sich, wenn er nach einem authentischen Selbstbild sucht, zunächst herausfinden, inwiefern seine Starwürdigkeit tatsächlich durch das öffentliche Exponat dieser Besonderheit begründet wird. Gibt es eine größere Qual, als Anerkennung und Liebe zu erfahren für etwas, das man nicht ist, und der man nicht ist? Bleibt noch die Möglichkeit, sich in die Selbstverblendung zu retten und den Glauben zu vertreten, man sei tatsächlich der Star, den die anderen in einem sehen.

Ein weiteres Manko liegt im Übrigen darin, dass Stars aufgrund ihrer Bekanntheit eine Minderung ihrer Bewegungsfreiheit hinnehmen müssen – kein Star, der unbeobachtet einfach nur den Boulevard entlangschlendern und nichts tun könnte. Diese Minderung der Bewegungsfreiheit wird auch nicht dadurch ausgeglichen, dass Stars mit ihren Chauffeuren und Privatjets und aufgrund der ihnen zuvorkommenden Eilfertigkeit Dritter eine hohe globale Mobilität genießen; denn sobald sie der Limousine, dem Privatjet entsteigen, sind die Blicke und die Objektive wieder auf sie gerichtet. Die Blicke der Passanten und die Zudringlichkeit der Paparazzi bilden die unsichtbaren Gitterstäbe der Aufmerksamkeitszelle, in die sie eingesperrt sind.

Im Übrigen fällt auf, dass der Star dem Helden längst den Rang abgelaufen hat. Wo der Star nach seiner möglichen Heldenhaftigkeit gar nicht mehr befragt wird, überlebt der Held nur mehr im Alltag, wo er als »Alltagsheld« in Erscheinung tritt: Er ist derjenige, der Herausragendes leistet, ohne dafür öffentliche Anerkennung zu finden.

Ein Gärtchen, Feigen, kleine Käse und dazu drei oder vier gute Freunde, – das war die Ueppigkeit Epikur's.
Nietzsche[63]

Indem wir also sehen, dass wir auf ein Leben als Star gerne verzichten können, gewinnen wir auch ein Bewusstsein für den uns Unbekannten gewährten Raum der Bewegungsfreiheit und der Möglichkeit, stets Dinge auszuprobieren, ohne dass sie öffentlich an den Pranger gestellt, diskutiert und bewertet werden. Wir lernen überhaupt ein neues Verständnis von Ver-

---

63 Friedrich Nietzsche, Menschliches, Allzumenschliches, KSA, Bd. 2, S. 638.

zicht kennen. Im täglichen Leben wird das Verzichten bislang meist mit einem unangenehmen Gefühl assoziiert – müssen wir doch dasjenige entbehren, was wir uns wünschen, oder bekommen dasjenige nicht, was andere haben. Wir fühlen uns zurückgesetzt und versuchen dennoch, zu bekommen und zu erhaschen, was wir bislang nicht hatten. Gerade dadurch aber kultivieren wir Unzufriedenheit und stören und irritieren unser gewöhnliches Leben. Nehmen wir hingegen den Blickwechsel vor, dann sehen wir plötzlich die enorme Freiheit, die gerade im Verzicht entstehen kann, dann empfinden wir plötzlich mit dem Verzichten sogar eine große Lust. Eine Lust, die in dem Augenblick bereits befriedigt wird, in dem wir uns enthalten.

Verbunden mit der Lust auf Verzicht ist auch die klassische Kunst der Genügsamkeit, welche die Fähigkeit benennt, auch mit wenig zufrieden sein zu können und damit die Freiheit der Unabhängigkeit zu erfahren. Der genügsame Mensch macht sich nicht abhängig von der Quantität der Genussmittel. Hat er wenig, so ist das für ihn in Ordnung. Sollte er eine größere Menge genießen können, so wäre das für ihn selbstverständlich gleichfalls akzeptabel und mit Freude hinzunehmen; doch würde er stets im Sinn behalten, dass der momentane Zustand sich aufgrund unbeherrschbarer Umstände wieder blitzschnell ändern kann. Verzicht und Genügsamkeit sind demnach Instrumente, um noch besser genießen zu können.

Um es sentenzenhaft zu sagen: »Tu all das, was zur Steigerung deiner Freude führt, und unterlasse alles, was zur Minderung deines Wohlgefühls führt.«

Weil es darüber hinaus im Leben vieles gibt, das objektiv nicht (mehr) zu beeinflussen ist, so lebt derjenige angenehmer, der dieses Unbeeinflussbare hinnehmen kann. Diese Form der Genügsamkeit darf man auch als Gelassenheit bezeichnen: sie hilft einem, angesichts möglicherweise unerreichter Ziele der Gefahr der Verbitterung zu entgehen. Ich bin gelassen, das heißt: Ich lasse mir das, was ich habe, gefallen, und lasse das, was ich nicht mehr ändern kann, auf sich beruhen.

Kapitel 11

Umgang mit sich und anderen: Liebe und Humor, Intimität und Masken, Freundschaft und Mitgefühl

Unter allen zwischenmenschlichen Gefühlen ist Liebe dasjenige Gefühl, welches dem Menschen die intensivste und zugleich angenehmste Nähe zu einem anderen Menschen meldet. Diese Nähe der Liebenden zueinander verbindet sie auch dann, wenn sie mit anderen in einer Gruppe unterwegs sein sollten. Ohne dass man es mit den Augen sehen könnte, bildet ihre Nähe zueinander eine Art Raum, der sie von den anderen trennt, den Raum des für sie angenehmen Gefühls, der eindringlichen Freude, den Partner ganz nah zu wissen.

Diese Liebesgewöhnlichkeit ist immer bedroht. Sei es, weil ein Partner stirbt und nolens volens den Liebesinnenraum zerstört; sei es, weil er fremdgeht, den eigenen Liebesinnenraum verlässt; sei es, weil der eine irritiert wird aufgrund bestimmter Verhaltensweisen des anderen Partners – etwa dem Liegenlassen von Strümpfen – und in der Folge die beiderseitige Nähe getrübt wird. Getrübte Nähe lässt im gemeinsamen Näheraum eine Lücke entstehen, durch die es unangenehm zieht.

In einer Zeit, in der jeder Einzelne sein Projekt leben, seine Visionen verwirklichen soll, er etwas ganz Besonderes und Einmaliges sein möge – ich bin ein Star, merkt ihr es denn nicht! –, bleibt es nicht aus, dass man auch an den Partner hohe, wenn nicht höchste Ansprüche stellt. Am besten wäre es sowieso, wenn der Weltstar mich in der Menge, in der ich ihm huldige, entdecken und als seinen Traumpartner identifizieren würde. Weil sich diese Situation nicht recht einstellen will, so sollte der Ersatzpartner, wenn schon kein Star, so doch ein perfektes Wesen sein. Nicht nur gut aussehen, sondern in jeder weiteren Hinsicht ein universal gebildeter, vorbildlicher Mensch sein.

Mag man den Partner in der Verliebtheitsphase noch als das erwünschte Traumwesen hallunizieren können, so erheben sich spätestens in der Alltagsphase Zweifel und man findet sich in einem Zwiespalt wieder, der sich eher früher als später zu der unausweichlichen Frage formiert, ob man sein eigenes genialisches Wesen nicht an jemanden vollkommen nutzlosen und wertlosen verschwendet und sein eigenes Lebensprojekt nicht akut gefährdet, wenn man mit einem offensichtlich ganz gewöhnlichen Menschen sein

Leben teilt – und ehe man sich versieht, ist man zur Türe hinaus und auf dem Tanzboden der Partnerwahl zurück. Dabei benötigt es in der Regel doch stets eine gewisse Anstrengung und Zeit, um einen gewöhnlichen Liebesinnenraum aufzubauen – Anstrengung und Zeit sind im Leben jedoch begrenzt; es ist daher ein riskantes Unterfangen, Partnerschaften leichthändig aufzugeben. Man geht einige Male zur Türe hinaus, als würde man auf dem Rummelplatz mit dem Kettenkarussell ewig herumwirbeln können, bis die eigene Jugend vorüber ist und man plötzlich alt aussieht, ohne dass man das erträumte Leben führen würde. Das Leben auch der Paare dreht sich unausbleiblich im Auf und Ab des Liebesalltags.

Auf den zeitgeistlichen Wahn jedoch ist die trügerische Unterstellung zurückzuführen, dass es so etwas wie perfekte Menschen und damit auch perfekte Partner geben könnte. Jeder Mensch bewegt sich in seiner dynamischen, stoffwechselsystemischen Spannung mal leichter, mal schwerer durch den Tag, mit Wachheiten und Müdigkeiten, mit Vergesslichkeiten und verdrießlichen Stimmungen – und die vielleicht einzige Weise, angesichts dieser biologischen Tatsache dennoch eine sinnvolle, befriedigende Partnerschaft zu leben, ist es, sich eine Art selbstironisches Humorzelt aufzubauen, das man durchaus als Sanitätszelt begreifen darf, das die unangenehmen Breschen im Liebesinnenraum vergessen macht.

Humor ist aber genau dasjenige Phänomen, welches der Zeitgeist viel zu wenig kennt und kaum vermittelt. Unsere gegenwärtige Epoche ist in ihrem öffentlichen Erscheinungsbild erschreckend humorlos, und ihr Ernst – sofern er denn an den Tag gelegt wird – bleibt folgenlos; das Erscheinungsbild wird überwiegend geprägt von Kriegen, Terrorismus, brutaler Machtpolitik, heuchlerischem Umweltbewusstsein und ökonomisierten Denkfiguren, von abgehalfterten Witzfiguren, selbstgerechter Religiosität und fanatisiertem Fundamentalismus. Zusammengenommen schafft es diese Öffentlichkeit nicht, das Leiden von Millionen Menschen maßgeblich zu lindern – geschweige denn ernsthaft und beharrlich anzugehen oder gar zu beseitigen; und die Massenmedien drehen sich unentwegt in einem selbstreferentiellen Strudel aus erstarrten Routinen und hysterischem Geschrei. Das Lachen ist uns vergangen. Und zwar auch trotz der epidemischen, im Wesentlichen hämischen, die Kosten bei anderen anhäufenden Comedy-Sendungen auf allen Kanälen.

Das Witzige dieser Comedy-Form hat mit einem entfalteten Begriff von Humor so viel zu tun wie »ein Stück Lava im Monde« mit meinem Ich, um es mit einer berüchtigten Fußnote von Johann Gottlieb Fichte zu sagen.[64] Das Kennzeichen dieser Comedy ist die leicht

---

64 Johann Gottlieb Fichte, Grundlage der gesammten Wissenschaftslehre, in: Werke Bd. I, Nachdruck Berlin 1971, 175 f.; GA I, 2, S. 326.

zu habende Kunst, wehrlose Menschen herunterzuputzen, sich mithilfe von unspielerischem Humor über andere zu erheben und gänzlich unheitere Grimassen zu schneiden. Humorlosere Sendungen als diese Comedy-Sendungen sind kaum vorstellbar. Denn Humor bezeichnet die Fähigkeit und die Bereitschaft, der Unzulänglichkeit der Welt mit charmanter Besonnenheit zu begegnen. Humor ist das Phänomen, das Menschen verbindet. Wer gemeinsam eine Situation als humorvoll erfährt, fühlt sich automatisch mit der anderen Person verbunden. Wo Humor auftaucht, ist Solidarität ganz nah.

Es fehlt uns nichts stärker, als eine im täglichen Leben und damit auch im gewöhnlichen Leben von Paaren und Gruppen verankerte Kultur des Humors. Humor ist das effektivste Medium, um das Leben der Aufs und Abs mit einem wohltuenden Gefühl und damit überhaupt als einen dauerhaft bewohnbaren Innenraum zu erleben.

»Ich fürchte, ich kann mich nicht erklären«, sagte Alice, »denn ich bin gar nicht ich, sehen Sie.«[65]

Dass zwei einander liebende Menschen miteinander intim werden, mag noch angehen – und im gewöhnlichen Fall gilt hier die Aussage: Nichts lieber als das.

---

65 Lewis Carroll, Alice im Wunderland, a. a. O., S. 47.

Aber zu sich selbst ein Gefühl und ein Verhältnis der Intimität aufbauen? Womöglich werden wir nie erfahren, wer wir in einem umfassenden Sinn eigentlich sind. Insofern ähnelt der Umgang mit sich selbst einer durchaus verbissen in die Jahre gekommenen Ehe. Ähnlich kann es manchem Menschen in trüben Stunden seines Lebens mit sich selbst ergehen. Ihm wird dabei deutlich, dass er lieber mit einem Mondgestein Freundschaft schließen würde als mit sich selbst. Niemand und nichts auf der Welt ist mir fremder als ich mir selbst. Dass ich ich bin – unbegreiflich und unheimlich! Ich kann einfach nicht begreifen, dass ich ich bin, diese ganz bestimmte Person zu einer ganz bestimmten Zeit an einem ganz bestimmten Ort. Obwohl ich ich bin, und dies in der Regel auch durchaus weiß, fühle ich mich von mir auf eine existenziell ungewöhnliche Weise befremdet. Ich, der ich mir am nächsten bin, bin mir doch zugleich der Fernste. Und als mir Fernster bin ich auch ein mir zutiefst fremder Mensch, fremder als jeder andere, der mir je über den Weg gelaufen ist. Die intimste Art, bei sich zu sein, ist nicht »mit sich befreundet« zu sein, sondern »von sich befremdet« zu sein.

In der Regel macht man jedoch nicht derart radikale Erfahrungen der Fremdheit mit sich selbst. Diese Fremdheit ist unerträglich, weil sie einen mit sich selbst unvertraut sein lässt, sie ist so unangenehm, als läge man mit einem Fremden im Bett, von dem man nicht weiß, wie er da hingekommen ist. In dieser

Fremdheitserfahrung erfährt man sich selbst als Außenraum. Um dieses fremde Gesicht, das man selber ist, zu verdecken, zieht man eine Maske auf – eine unsichtbare Maske, die einem mit der Zeit geläufig wird, an die man sich gewöhnt. Ich blicke in den Spiegel und erkenne mich, ich bin mir vertraut – diese Vertrautheit ist die unsichtbare Maske. Wir tragen Masken, nicht nur um andere über unsere wahre Befindlichkeit zu täuschen, wir tragen sie auch, um uns selbst zu bestätigen, dass es ganz in Ordnung ist, wir selbst zu sein.

Wenn wir andere und auch uns selbst mit einer halbbewusst aufgesetzten Maske täuschen, dann möchten wir auch den Eindruck vermitteln, jemand ganz Besonderes zu sein. Wir machen ein Gesicht, das Eindruck schindet, unsere Position in der Gesellschaft verbessert und damit unsere Sicherheit erhöht. Das hoffen wir jedenfalls. Menschen als Maskenträger sind evolutionär geprägte, sozial trainierte Schauspieler. Das Gesicht ist die älteste Kinoleinwand der Kulturgeschichte. Auf dieser Leinwand, scheinbar einzigartig, lassen wir unsere Maskenfilme laufen. Doch Masken tragen ist auf Dauer mühevoll, man atmet schlecht darunter. Es ist daher auch in diesem Fall befreiend, seine Sorge um die eigene Identität mit dem Mittel des Humors zu beruhigen. Scher sich doch der Teufel darum, wer ich bin – ich jedenfalls, wer immer ich wirklich bin, begegne mir mit Humor, und in diesem mit Humor tapezierten

Ich-Zimmer fühle ich mich alles in allem ganz wohl, fast wie zu Hause.

Denke, daß nichts besser schmückt,
Als wenn man den Freund beglückt.
Goethe[66]

Wenn die Liebesbeziehung oder Ehe das Haus ist, in dem man sich regelmäßig aufhält, so ist die Freundschaft das Gartenhaus, in das man geht, wenn man einmal allein sein möchte oder sich aussprechen muss. Der Freund ist der Therapeut, mit dem man Spaß haben kann und der kein Honorar verlangt. Zwei Freunde bilden gemeinsam eine Langzeittherapie, in der sie sich gegenseitig von den unangenehmen Erfahrungen in den sonstigen täglichen Abläufen kurieren und in denen sie sich gegenseitig ihre gewöhnlichen Innenraumerfahrungen bestätigen und bestärken: Junge, das schaffst du schon! Mädchen, weine doch nicht um diesen Waschlappen! Egal, wie nah du am Abgrund stehst – ich halte dich fest! Im Gartenhaus können die Freunde auch ihre beruflichen Ambitionsmasken fallenlassen und sich offen äußern. Der Freund, der da ist und zuhört, ist nicht nur der Therapeut, mit dem man Spaß hat, sondern auch der Priester, der einem nach der Beichte die Ab-

---

66 Goethe, Gedenkausgabe, a. a. O., Bd. 2, S. 296.

solution erteilt, als wäre er der akustische Abort für die eigenen Sorgen. Und der Freund ist, insofern er einem die Leviten liest, auch der Lehrmeister, den man sich immer schon gewünscht hat.

Das einzige wirkliche Lebendigkeitsgefühl:
Teilnahme.
Peter Handke[67]

Nicht allein die Liebe, der Humor und die Freundschaft verbinden Menschen, sondern auch das Mitgefühl, das sich in der Anteilnahme am Leid und an der Not des anderen zeigt. Es stellt gelebte Solidarität zwischen uns Menschen her und festigt das Gewölbe des sozialen Innenraums; wird die Stabilität des gesamten sozialen Raumes erhöht, dann wird damit auch unser Erleben des Innenraums auf angenehme Weise intensiviert.

---

67 Peter Handke, Das Gewicht der Welt, a. a. O., S. 286.

Kapitel 12

Vom Sinn des Lebens

Man soll sich nicht isolieren, denn man kann nicht isoliert bleiben, in Gesellschaft lernt man eher sich und andre tragen.
Goethe[68]

Im Leben sind wir alle Debütanten. Debütanten aber machen Debütantenfehler. Dank dieser Einsicht geht man schonungsvoller mit sich ins Gericht. Auch dann, wenn man Antworten sucht auf Fragen wie diese: Wie führe ich mein gewöhnliches Leben ethisch angemessen? Wie erreiche ich meine individuelle Zufriedenheit und wie finde ich Sinn in meinem Leben?

Nichts, außer der Trauer, trägt ganz die Welt in sich; nur die Trauer ...
Peter Handke[69]

---

68 Goethe, Gedenkausgabe, a. a. O., Bd. 19, S. 68.
69 Peter Handke, Am Felsfenster morgens (und andere Ortszeiten), Salzburg/Wien 1998, S. 390.

Das Merkmal von Festen ist es, dass sie nicht allein begangen werden können. Feste sind soziale Ereignisse, die einen Anlass haben und mit Freude verbunden sind. Während ihrer Dauer dürfen wir auch offiziell den Ernst des Lebens vergessen. Dass jemand ein Fest ausrichtet, dessen einziger Teilnehmer der Ausrichter selbst ist, ist letztlich undenkbar, weil auch so die abwesenden Gäste gerade in ihrer Abwesenheit glänzen würden. Im Unterschied zu den Festen kann Trauer sowohl sozial gelebt als auch in privater Einsamkeit erfahren werden.

Im Rahmen der gewöhnlichen Seinsweise sind sowohl Feste als auch Trauerfeiern notwendiger und nicht herauslösbarer Bestandteil des Lebens. Im Fest versichern sich soziale Gruppen ihres friedlichen Daseins und damit ihres gemeinsamen sozialen Innenraums. In der Trauerfeier und in der Trauer nach einem Todesfall lassen Menschen oder ein einzelner Mensch den verstorbenen Menschen los. Trauerzeiten sind Schleusenzeiten. Nur wer trauert und auch trauern darf, kann mit einem Kapitel abschließen. Die Trauer ist der Rahmen, der eine Epoche, eine Erfahrung umrahmt und insofern abgrenzt. Nur die abgegrenzte Epoche, das gerahmte Bild kann in das Museum der Erinnerung gehängt werden.

Das Betragen ist ein Spiegel,
in welchem jeder sein Bild zeigt.
Goethe[70]

Freude an sich selbst ist die Freude, die den Menschen leise und aufmerksam begleitet, in Analogie zum Gewissen etwa, das die eigenen Handlungen begleiten kann. Wenn statt eines schlechten Gefühls, wie im Fall des schlechten Gewissens, oder auch wenn statt einer allgemein schlechten Laune den Menschen im Vollzug seines Lebens, beim bloßen Dasitzen im Ohrensessel oder während des Gangs auf den Obst- und Gemüsemarkt, das stille Gefühl der Freude begleitet, dann empfiehlt es sich, aus dieser virtuellen Quelle der Emotionen reichlich zu trinken. Man muss nicht nur die Feste feiern, wie sie fallen, sondern auch die angenehmen Gefühle, die sich dem Menschen im Laufe des Tages anbieten, bis zur Neige auskosten.

Sich an sich selbst mitfreuen? Vielleicht sollte diese Art der Handlung eine Art ungeschriebenes Gebot sein, eine Pflicht wenigstens, es mit der Freude an sich selbst zu versuchen. Die Freude an sich selbst geht im Rahmen des gewöhnlichen Lebens dabei mit Handlungen einher, die mit den Begriffen Rücksichtnahme, Höflichkeit und Zartsinn charakterisiert wer-

---

70 Goethe, Gedenkausgabe, a. a. O., Bd. 9, S. 175.

den dürfen. Die Freude an sich selbst hat darüber hinaus den Effekt, dass im Rahmen der Rücksichtnahme Menschen eher aufeinander aufpassen, in einem liebevollen Sinn, und füreinander Sorge tragen. Zu lange nämlich galt und gilt noch eine weitreichende Form der Achtlosigkeit, deren klassische Formulierung von Adam Smith stammt: »Für die Lebewesen Sorge zu tragen, ist die Aufgabe Gottes und nicht des Menschen.« Nein, muss man dazu sagen, überlassen wir Gott sich selbst – es ist unsere Aufgabe, für uns Sorge zu tragen.

Freude an sich selbst zeigt sich auch in der Liebesbeziehung zu sich selbst. Oft findet diese Beziehung allerdings gar nicht statt. Sich selbst lieben kann der Mensch nicht in der Form, wie er einen Partner oder gar das eigene Kind liebt. Er kann auch nicht mit sich befreundet sein in der Form, wie er mit anderen echten Menschen befreundet ist. Die Liebesbeziehung mit sich selbst lässt sich vielleicht mit dem sogenannten Stockholm-Syndrom erklären. Als Stockholm-Syndrom bezeichnen Psychologen das Phänomen, bei dem Entführungsopfer sich mit ihrem Entführer und dessen Ziel solidarisieren und unter gegebenen Umständen sich sogar in ihn verlieben. Der Name Stockholm-Syndrom bezieht sich ursprünglich auf ein Geiseldrama in einer Stockholmer Bank. In dieser Weise, könnte man sagen, ist der Mensch ein Entführungsopfer seiner selbst. Keiner kann aus sich heraus, jeder ist er selbst, so befremdlich das auch immer ist. Sobald man begriffen hat, dass es keine Möglichkeit gibt, ein anderer Mensch zu sein, sobald man verstanden hat, dass ich doch immer ich sein werde, der immer ich sagt, wenn er sich zu Wort meldet, sobald das der Fall ist, sind die Bedingungen für das Auftreten des Stockholm-Syndroms gegeben. Man akzeptiert schließlich, dass es keinen Ausweg aus dieser Situation gibt; und weil es auf Dauer unerträglich ist, einen nicht intakten Innenraum zu erleben, »hilft kein Rettungsmittel als die Liebe« (Goethe), denn die Liebe schafft es, den Entführer in den eigenen Innenraum zu integrieren. Du und ich – wir sind ein Paar, ein verrücktes Paar, aber wir gehören zusammen. Ich liebe dich, und wenn du mich auch liebst, dann werden wir die Welt erobern – oder uns doch gegen ihre Angriffe gemeinsam wehren.

Wenn man bedenkt, daß aufs ganze gesehen unempfindlichere Menschen die glücklichsten sind, kommt einem das indische Sprichwort in den Sinn: »Besser sitzen als stehen, liegen als sitzen, totsein als alles sonst.«
Chamfort[71]

---

71 Sébastien-Roch Nicolas Chamfort, hier zitiert nach: Samuel Beckett, Lang nach Chamfort, Acht Maximen, übertragen von Wolfgang Held, Frankfurt am Main 2003, S. 18.

Du, ich, wir alle steuern aufs Unbekannte zu, doch tun wir die meiste Zeit so, als wäre uns vieles, ja fast alles bekannt und vertraut.

Jeder Mensch muss sich retten, aber er kann es nicht. Jeder Mensch ist da und steht vor einem Problem. Jenem Problem, dass der Tod ihm früher oder später seine Lieben aus dem Blickfeld entfernt und aus den Armen reißt. Dieses bringt ihn in der Regel in eine furchtbare Situation, aus der heraus er sich unbedingt retten möchte.

Jeder Mensch will ein in seinen Augen gutes Leben. Was also tun? Was tun mit diesem Tod? Mag ich das Problem 1, das Problem meines eigenen Todes, vorläufig verhüllen und nicht weiter bedenken (dem Problem ausweichen), so bleibt doch das Problem 2, das Problem der abhandenkommenden geliebten Menschen, die weg sind, und zwar auch dann, falls ich mich, im virtuellen Raum meiner Gedanken, mit ihnen unterhalten zu können glauben sollte, und auch dann, falls ich an irgendein himmlisches Jenseitsreich glauben sollte, in dem die Verstorbenen nun, getrennt von mir, ihr Jenseitsdasein fristen müssten (der Tod wäre auch für die Jenseitigen ein Unglück, insofern sie von mir separiert wären).

Die Lösung dieses Problems – und das bezieht sich auf Problem 1 und auf Problem 2 gleicherweise – ist ziemlich einfach: Sie besteht darin, durch und durch mit dem ganzen körperlichen Sein zu erkennen, dass es keine Lösung gibt. Wir können noch so sehr in die

164

Höhe springen, uns auf den Kopf stellen und zwanzig-
mal um die Erdkugel hüpfen und uns die absurdesten
Aufgaben ausdenken, die Sache bleibt immer die gleiche: Das Problem ist unlösbar.

Der Witz also ist, dass es keine Lösung gibt. Wenn
ich das begreife, dass wir in einer unlösbaren Situation feststecken, dann kann ich das gleichsam zum Lachen finden. Die Fähigkeit, angesichts dieser unlösbaren Situation lachen zu können, ist das, was wir den
existenziellen Humor nennen. Existenziellen Humor
haben heißt also: Die unmögliche eigene Situation
angesichts des Todes und der Situation auf der Erde
im Universum erkennen und begreifen, dass diese
Unmöglichkeit und Unfassbarkeit der größtmögliche,
wenn auch schrecklichste Witz ist, den sich das Universum für die Menschen hat »ausdenken« können.

»Wann magst du dich am liebsten bücken?«
Dem Liebchen Frühlingsblume zu pflücken.
Goethe[72]

Am Eingang zu etlichen Nationalparks unterrichtet
den Besucher ein Schild über die Verhaltensweisen
im Park; der Inhalt der Verhaltensregeln ist sinnge-
mäß folgender: Verändern Sie den Park nicht, pflücken Sie keine Blumen, schießen Sie kein Wild, hal-

---

72 Goethe, Gedenkausgabe, a. a. O., Bd. 1, S. 431.

ten Sie den Hund an der Leine, hinterlassen Sie keine Abfälle, nehmen Sie etwaige wieder mit und entsorgen diese außerhalb des Parks an den dafür vorgesehenen Orten. Wäre die Erde ein Nationalpark, dann müssten die Parkhüter den aktuellen Erdbewohnern einen Strafzettel ausstellen – wegen ungebührlichen Verhaltens im Nationalpark. Freilich, wenn das Verhalten der Erdeinwohner derzeit tatsächlich zu wünschen übrig lässt, dann sollte man die Erde vielleicht auch offiziell, und nicht nur im gedankenexperimentellen Sinn, zu einem Nationalpark, zu einem Paradies erklären und folglich zu entsprechendem Verhalten animieren. Die Maxime für die Bewegungen im Erdraum könnte lauten: Verhalte dich so, dass du nach deinem Tod keine Spuren hinterlässt. Verhalte dich so, dass dein Leben im Innenraum Erde nicht zu Verwüstungen führt. Wenn du jedoch durchaus das Bedürfnis verspürst, etwas hinterlassen zu müssen, dann achte darauf, dass du damit möglichst niemanden belästigst oder doch nur diejenigen, die deine Hinterlassenschaften willig in Empfang nehmen und mit ihnen umgehen wollen.

Dass wir uns in diesem Nationalpark Erde an gewisse Regeln halten sollten, das vergessen wir aber allzu leicht, wie wir im Leben immer so vieles vergessen. Der Moment des Vergessens gleicht dem Moment des Einschlafens. Den entscheidenden Moment, in dem es passiert, verpassen wir. Im Sterben wird es ebenso sein. Die entscheidende Frage im Leben aber lautet: Worauf kommt es in unserem Leben in diesem Nationalpark an und worauf nicht?

Ganz sicher kommt es nicht auf den Tod an – auch wenn jeder in der Regel sich mit ihm auseinandersetzen muss (in der Regel, weil viele auch sterben, ohne sich je damit auseinandergesetzt zu haben oder sich nicht auseinandersetzen konnten – etwa weil sie viel zu früh verstarben). Vielmehr kommt es einzig und allein auf das gute gewöhnliche Leben an. Dieses gute gewöhnliche Leben ist das Ziel, nicht der Tod, der Tod ist nur das Ende des Lebens, der Tod ist kein Neuanfang, der Tod ist nicht das Leben.

Das gute gewöhnliche Leben muss auch aus folgendem Grund das Ziel sein: Wenn man schon lebt, dann sollte man auch so leben, dass es einem gefällt – also auf gute Weise gewöhnlich. Das gute gewöhnliche Leben ist dabei eine Möglichkeit für alle Talente und alle Situationen. Niemand muss auf morgen bauen, damit es ihm gut geht. Das gute gewöhnliche Leben beginnt gerade jetzt, in diesem Moment, in dem ich mich um es kümmern möchte. Ich muss nicht so sehr mein Leben ändern, sondern vielmehr den Blick auf das Leben ändern. Dieser Blick in Einheit mit dem Sterblichkeitsbewusstsein verändert das gewöhnliche Leben, und das reicht vollauf aus. Es kommt weniger darauf an, das eigene Leben – in seinen konkreten praktischen Vollzügen – zu ändern (wobei das in konkreten Fällen durchaus ratsam sein kann), es kommt vielmehr darauf an, die eigene Vorstellung vom Leben zu ändern und zu erkennen, dass das gewöhnliche Leben in seiner Einmaligkeit und Sterblichkeit das einzige ist, das es für mich gibt und zu dem ich mich folglich in eine explizite Beziehung setzen sollte.

Jeder Schritt, den du tust, bringt dich deinem Ende näher. Diesen Gedanken soll man sich aus Motivationsgründen nur mit Vorsicht bewusst machen; führt man sich ihn zu oft vor Augen, könnte er den grundsätzlichen Lebenswillen auf trostlose Weise schwächen. Freilich könnte er gerade auch zu einer erhöhten Motivation führen, um das kurze Leben mit möglichst schönen Inhalten zu führen und zu genießen.

Die Fragen jedenfalls, die dabei jeder für sich beantworten muss, sind Fragen wie diese: Was soll das alles? Warum lebe ich? Warum will ich leben? Welchen Sinn hat mein Leben? Welchen Sinn soll es haben? Dabei stellt sich auch die davon unabhängige und doch hiermit verbundene Frage, inwiefern man den Tod bei der Beantwortung dieser Fragen mitreflektieren sollte. Die einen sagen, man müsse das tun, den Tod einbeziehen in seine Überlegungen; die anderen hingegen meinen, man müsse den Tod außen vor lassen und unabhängig von ihm eine Antwort geben. Es gibt dazu noch eine dritte Form der Annäherung, in der gewissermaßen beide Positionen kombiniert werden. Um herauszufinden, was es mit dem Leben auf sich hat, sollte sich jeder einmal für einen langen Moment zwei Fragen stellen: Welches Leben würde man führen, gäbe es den Tod nicht? Und: Welches Leben möchte man angesichts des sicheren Todes führen? Aus den Unterschieden der Antworten ergeben sich hilfreiche Hinweise auf die Eigenschaften des erwünschten Lebens.

Um halb sechs kniete ich im Regen und grub und pflanzte.
Uwe Johnson[73]

Aus der Perspektive der Teilchenphysik, gemäß deren Standardmodell, besteht die Welt aus Elementarteilchen im Sinne von Energiepunkten; aus diesen Elementarteilchen setzt sich gewissermaßen die Vielfalt der Erscheinungen zusammen. Auf einer mikrophysikalischen Ebene gibt es somit nicht weiter teilbare Zustände, die miteinander wechselwirken. Auch der menschliche Geist entspringt mikrophysikalisch letztlich diesen »Teilchen«, die mit dem eigenen Tod in eine neue Anordnung übergehen.

Entscheidend dabei ist, dass ich lediglich während des so genannten Lebens etwas fühlen kann und dass ich auch nur während dieses Lebens »ich« bin. Im Tod bin »ich« davon abgesehen ohnehin frei von Empfindungen, also kann mir der Tod, wenn ich tot

---

73 Uwe Johnson in einem Brief vom 5. Juli 1982 an eine Freundin, zitiert nach: Eva Demski, Gartengeschichten, Frankfurt am Main 2009, S. 130.

bin, egal sein. Wenn ich tot bin, dann weiß ich nicht, dass ich tot bin (das Ich gibt es ja nicht mehr) – ich brauche mich vor dem Tod als eigenem Totsein also nicht zu fürchten. Epikur hat dies auf die Formel gebracht: Wenn ich da bin, ist der Tod nicht da; wenn der Tod da ist, bin ich nicht da. Insofern kann der Tod einem tatsächlich egal sein.

Aber das kann er aus zwei Gründen nicht: Erstens weil meine Fähigkeit, in die Zukunft zu denken und zu wissen, dass ich nur für eine (in der Regel unbestimmte) Zeit hier auf der Erde lebe und dass ich dann für immer verschwinde, mir eben ein Problem bereiten kann, solange ich lebe. Das Problem kann allein schon darin bestehen, dass es mir schwerfällt, diese Tatsache wirklich zu begreifen. Zweitens tröstet mich diese Formel natürlich nicht über das existenzielle Problem hinweg, das der Tod der geliebten Anderen für mich als Überlebenden bedeutet.

Der Gedanke an den Tod betrügt uns,
denn er läßt uns vergessen zu leben.
Marquis de Vauvenargues[74]

Seneca und sein stoisches Gefolge dachten sich den vollkommenen Menschen, den Weisen, als einen, der auch unter fürchterlichster Folter nicht zu beugen

---

74 Luc de Clapiers, Marquis de Vauvenargues, a. a. O., S. 118.

wäre. Dabei gingen sie implizit davon aus, dass Menschen in der Regel nicht vollkommen sind und daher sich beugen lassen. Der Weise hingegen, der Übermensch avant la lettre, steht unter jeder beliebigen Last aufrecht da, ungerührt, und trägt, was zu tragen ist.[75]

Was aber, wenn wir uns das Vorbild dieses Weisen nicht zu eigen machen können oder wollen? Welches schlagende Argument könnte uns davon überzeugen, ebenfalls dahin zu streben, jede Last tragen zu wollen, und brächen wir unter ihr zusammen? Warum sollten wir nicht einfach sagen können: Ja, wir sind beugbar. Wir gehen unter. Wir sind auf unsere Weise weise, auch wenn wir fallen und die Last am Boden zerschellt. Es gibt keinen Trost, keinen Ausweg, keinen Sinn in der Lastenathletik. Der Tod unterwirft uns, und vielleicht wäre es das Beste, ihm die kalte Schulter zu zeigen, wenn er nach uns greift. Sicher, von einem gewissen moralischen Standpunkt aus gesehen erscheint jede Gesellschaft als widerwärtiges Gewebe von Kompromissen, Schwächen, Hinterlistigkeiten und schäbigem Opportunismus. Anders betrachtet erscheint sie als Spektakel, in dem zahlreiche Menschen versuchen, halbwegs gut durchzukommen, halbwegs sich gut einzurichten in ihren Innenräumen und damit auch sich selbst auf angenehme Weise zu erleben.

---

75 Vgl. Lucius Annaeus Seneca, Briefe an Lucilius über Ethik: 8. Buch / Epistolae morales ad Lucilium: Liber VIII, hg. u. übersetzt von Rainer Rauthe, Stuttgart 1991, 71. Brief, § 26, S. 33.

Harlequin will sich selbst ermorden, und nachdem
er gegen jede Todesart etwas einzuwenden findet,
entschließt er sich endlich, sich totzukitzeln.
Georg Christoph Lichtenberg[76]

Kann Sterben eine Kunst sein? Schließlich kann jeder sterben, und tatsächlich kennt man keinen, dessen Zeit gekommen war, der es nicht gekonnt hätte. Freilich ist es in diesem Fall deshalb keine Kunst, weil wir nichts dazutun müssen, sondern einfach sterben – das Sterben ereignet sich, ob wir wollen oder nicht.

Wenn Sterben eine Kunst sein können sollte, dann müsste sich dies zunächst auf die Vorbereitungen eines Menschen vor seinem eigentlichen akuten Sterben beziehen, das heißt: Der Sterbekünstler müsste sich Gedanken machen über seinen Weg unter die Erde. Aber sollte das mit Sterbekunst gemeint sein? Nein, oder nicht nur. Denn bei dieser Sterbekunst handelt es sich lediglich um eine vernünftige technische Vorbereitung für das Unvermeidliche, sie betrifft die eigenen rechtzeitigen Verfügungen und Maßnahmen, die das denkbare eigene Siechtum nach einem Unfall oder aufgrund einer Demenzerkrankung regeln. Man könnte sie der Einfachheit halber technische Sterbekunst nennen – im Gegensatz zur existenziellen Sterbekunst, welche die erworbene innere

---

76 Georg Christoph Lichtenberg, Schriften und Briefe, a. a. O., S. 157.

Bereitschaft bezeichnet, uneingeschränkt zum Tod Ja zu sagen.

Mein Unsterblichkeitsgefühl: ich werde nicht unsterblich sein, ich war ab und zu unsterblich.
Peter Handke[77]

Die existenzielle Sterbekunst betrifft also die Kunst, sich mit dem Zwang, sterben zu müssen, einverstanden zu erklären. Sie ist insofern eine Kunst, als das erstrebte Einverständnis keine Selbstverständlichkeit ist und erst erlernt und eingeübt werden muss. Hier macht nur die Übung den Meister.

Es gibt jedoch zwei Hauptprobleme in Bezug auf die existenzielle Sterbekunst. Das erste besteht in der Tatsache, dass es höchst schwierig ist, herauszufinden, inwiefern es einem gelingt, in ihr tatsächlich zum Meister zu werden. Wer garantiert, dass ich mir das Einverständnis mit dem Tod nicht nur einrede, um dann spätestens, wenn es ans tatsächliche Sterben geht, mich als wahren Stümper zu erweisen? Was also, wenn ich auf dem Sterbebett liege und aus vollem Herzen mein Einverständnis widerrufe? Es gibt keine Sterbekunstakademie, auf der ich meinen Meisterbrief in der Kunst, sterben zu können, erwerben und auf dem Sekretariat abholen könnte. Die einzige

---

77 Peter Handke, Das Gewicht der Welt, a. a. O., S. 204.

Akademie, die es in dieser Frage gibt, bin ich selbst, und auf die Regularien, Prüfungsordnungen und auf den Prüfer selbst ist einfach kein Verlass.

Das zweite Hauptproblem ist die Frage, ob es überhaupt möglich ist, sich mit dem Tod einverstanden zu erklären. Ist nicht in jedem von uns der evolutionär entstandene und genetisch verankerte Wunsch, weiterleben zu wollen, so übermächtig, dass wir ihn trotz eifrigsten Langzeitstudiums auf der Sterbekunstakademie nie werden aufheben können? Wenn dem so sein sollte, so bliebe vielleicht nur die existenziell zynische, gleichwohl pragmatisch gebotene Hoffnung übrig, dass der jeweilige Mensch irgendwann einen Zustand erreicht, in welchem er lieber sterben als weiterleben möchte, etwa im Fall umfassenden Lebensüberdrusses, schwerster Gebrechlichkeit, aussichtsloser Isolation oder unerträglicher Schmerzen.

Weil aber kein Mensch sich einen solch höchst unangenehmen Zustand wünschen kann, so bleibt ihm wohl doch nichts anderes übrig, als unermüdlich weiter wie ein studentischer Sisyphos auf die Sterbekunstakademie zu gehen. Auch wenn die Frage nach dem Meisterbrief bestehen bleibt: Die Zwischenprüfung könnte jeder wohl bestehen, und diese besteht in nichts als in dem Versuch, sich in seiner Lebensführung darauf einzustellen, dass es jederzeit vorbei sein kann, dass jederzeit ein geliebter Mensch dem Tode zum Raub fallen oder der Ruf ins Nichts an einen selbst ertönen könnte.

Damit wir die Zeit zwischen der Zwischenprüfung und dem Meisterbrief gut überstehen, wird es hilfreich sein, spielerische Elemente in das Studium einzubauen und so aus der existenziellen Sterbekunst eine spielerische Sterbekunst zu machen. Als spielerische Sterbekünstler leben wir jetzt und üben uns zugleich in der Kunst, en passant in die Zukunft zu planen und am Rande die Vergangenheit nicht zu vergessen; und auf die Frage des Todes: »Seid ihr bereit?«, gerichtet an jeden Einzelnen in der globalen Studentenschaft, genannt die Menschheit, ertönt die Antwort: »Immer bereit!«

Alles Behagen am Leben ist auf eine regelmäßige
Wiederkehr der äußeren Dinge gegründet.
Goethe[78]

Menschen treiben im je individuellen Rhythmus des Lebens ihrem Ende entgegen. Das Leben schmeckt bitter, es schmeckt süß. Es schmeckt bitter, weil wir seine Wahrheiten gern ändern wollen, aber nicht ändern können, es schmeckt süß, weil wir immer wieder Gefühle wahrnehmen, von denen wir wünschten, sie möchten nie aufhören. Das Beste, was einem im Leben bleibt, ist die Möglichkeit, es in vollen Zügen zu genießen. Der Genuss ist ambivalent, sowohl pas-

---

78 Goethe, Gedenkausgabe, a. a. O., Bd. 10, S. 631 f.

siv als auch aktiv. Der Satz »Ich genieße Schokolade« illustriert die Einheit von Aktivität und Passivität. Ich genieße, also bin ich, und zwar auf das Angenehmste. Ein Grund für die vielen sinnlosen Streitereien und blutigsten Kriege, für unendliche Schmerzen und endlose Leiden, ist sicher auch darin zu sehen, dass die Menschen kaum gelernt haben, rundum sich und das Leben zu genießen. Man müsste den Menschen geradezu befehlen, zu genießen, und ihnen immer wieder den Genussimperativ vor Augen führen. Dieser könnte lauten: »Genieße dein Leben vor dem Hintergrund deiner Sterblichkeit so sehr du nur kannst. Erst mit der regelmäßig dir bewusst werdenden Einmaligkeit deines guten und gewöhnlichen Lebens erfährst und schmeckst du diese dich existenziell auf höchst angenehme Weise durchdringende und erschütternde Süße des Lebens.« Dieses Leben, das der Mensch genießt und das halbwegs schmerzfrei bleibt, ist die feinste und sinnlichste Bescherung, die man sich selbst bereiten kann.

Wir müssen das gewöhnliche Leben in seinem Auf und Ab als dasjenige Leben akzeptieren, das allein auf sinnvolle Weise für Menschen erreichbar ist und das in seinen Innenraumstrukturen seine ganz eigene Schönheit hat. Ein Glückszustand, wie ihn etwa Märchen oder auch Lebensratgeberbücher propagieren, bleibt unerreichbar. Das Leben ist nicht nur leicht, das Leben ist auch nicht nur schwer, das Leben ist beides, es ist leicht und schwer, und ob es uns eine

Zeit lang leichter und eine Zeit lang schwerer fällt, das ist nur zum Teil beeinflussbar, Pech und Glück begleiten den Menschen bis zum letzten Atemzug auf dem Sterbebett. Das gewöhnliche Leben selbst ist das reizvollste schlechthin. Der sogenannte graue Alltag ist aus philosophischer Perspektive ein bunter Alltag.

Und der kosmische Blick auf die Erde und das Bewusstsein unserer Situation in den unermesslichen Weiten des Universums mögen helfen, gewisse Alltagsprobleme zu relativieren oder gar humorvoll zu betrachten.

Zur Verdeutlichung vier Leitgedanken:

▸ Es gibt angesichts des Todes für Menschen keinen endgültigen Trost. Der Tod ist nicht in den Innenraum des gewöhnlichen Lebens integrierbar.

▸ Es gibt angesichts der Lebensungewissheiten keine umfassende Versicherung.

▸ Diese beiden Gewissheiten der Ungewissheit müssen verstandesmäßig vollständig realisiert und im realpolitischen Sinn akzeptiert werden – es bleibt einem nichts anderes übrig, wenn man als nüchterner Mensch authentisch bleiben möchte. Diese Gewissheiten zu akzeptieren heißt nicht, den Umgang mit ihnen auch emotional zu bewältigen – in der Regel werden wir auf der emotionalen Ebene nie mit ihnen ins Einvernehmen kommen. Davon abgesehen sind die Offenheit des Lebens aufgrund allgemeiner Unwägbarkeiten wie auch die Begrenztheit des Lebens durch den Tod jene beiden existenziellen Bezugsgrößen, welche uns als Kulturwesen so, wie wir sind, erst hervorbringen. Der Tod ist keine Pforte in ein Jenseits, er ist jederzeit möglich, er ist der Einbrecher, von dem wir nicht wissen, wann er einbricht; wir wissen nur, dass wir in dem Moment, in dem er einbricht, verschwinden werden. Die Offenheit des Lebens hingegen eröffnet uns die Chance, unser gewöhnliches Leben immer neu mit anderen Menschen zu teilen, sie in unser Leben hereinzubitten oder sie unsererseits in ihrem Leben zu besuchen, und dabei immer neu die Erfahrung von gemeinsamen, intakten Innenräumen zu machen.

▸ Letztlich gilt, verbunden aus Maxime 1 und Maxime 2, der Satz: Handle so, dass du keine Schmerzen erleidest und füge nach Möglichkeit niemandem Schmerzen zu.

Wir Menschen, die wir auf mehrfache Weise stolpernd unsere Höhlen verlassen haben, um andere Höhlen zu bauen, die wir von den Bäumen herabgestiegen sind, um auf andere Bäume zu steigen, können gar nicht anders, als die Welt zu deuten. Wir wissen vieles, wir kommen klar, und nur in unseren Alb- und Tagträumen begreifen wir – dass wir verloren sind und dass dieses Wissen, dass wir verloren sind, unser einziges sicheres Wissen ist.

In »Alice im Wunderland« gleitet die kleine Heldin auf ihrem Weg durchs Wunderland einmal aus und stürzt in den *pool of tears*, den Tränenteich, den sie geweint hatte, als sie noch drei Meter groß gewesen war. Ist dieser Tränenteich nicht wie ein existenzieller Swimmingpool, ein Ort der Muße, der Körperkultur und des Vergnügens – an dem gleichwohl auch geweint wird? Er wäre ein Sinnbild für unsere existenzielle Situation. Jeder Mensch genießt sein Vergnügen, es gibt ihm das Gefühl, in einem angenehm umgrenzten und geschützten Innenraum zu sein, und doch handelt es sich bei dem Ort des Vergnügens um ein Bad der Tränen, jener Tränen, die wir darüber weinen, dass wir uns zwar haben, uns aber spätestens mit dem Tod für immer verlieren. Wir weinen um uns, und in unseren eigenen Tränen finden wir paradoxerweise die Kraft zum Leben.

Die Welt, und das heißt das Universum und wir in ihm, ist tatsächlich verzaubert. Die scheinbare Entzauberung der Welt hat nie stattgefunden. Die Welt besitzt eine mystische Evidenz. Die Welt ist eine offensichtliche Tatsache, die wir als solche begreifen können. Ihren Grund jedoch vermögen wir letztlich nie wirklich zu begreifen, er bleibt dunkel, er bleibt mystisch. Er bleibt das vielleicht für immer.

Literatur

Adorno, Theodor W.: Minima Moralia. Reflexionen aus dem beschädigten Leben, Frankfurt am Main 2008

Alberti, Leon Battista: Vom Hauswesen (Della Famiglia), übersetzt von Walther Kraus, München 1986

Averroës: Die entscheidende Abhandlung und die Urteilsfällung über das Verhältnis von Gesetz und Philosophie, Hamburg 2009

Carroll, Lewis: Alice im Wunderland, übersetzt von Christian Enzensberger, Frankfurt am Main 1973

Chamfort, Sébastien-Roch Nicolas: zitiert nach: Samuel Beckett, Lang nach Chamfort, Acht Maximen, übertragen von Wolfgang Held, Frankfurt am Main 2003

Char, René: Poésies / Dichtungen, Frankfurt am Main 1959

Fichte, Johann Gottlieb: Die Anweisung zum seligen Leben oder auch die Religionslehre, Berlin 1806

–: Grundlage der gesammten Wissenschaftslehre, in: Werke Bd. I, Nachdruck Berlin 1971; GA I, 2

Goethe, Johann Wolfgang: Gedenkausgabe, Werke, Briefe und Gespräche, hg. von Ernst Beutler, Zürich und Stuttgart 1950–1971, Bde. 1; 2; 4; 5; 9; 10; 18; 19

Gracián, Baltasar: Handorakel und Kunst der Weltklugheit, Aus dessen Werken gezogen von D. Vincencio Juan de Lastanosa und aus dem spanischen Original treu und sorgfältig übersetzt von Arthur Schopenhauer, München 2005

Habermas, Jürgen: in: J. H. (Hrsg.), Stichworte zur »Geistigen Situation der Zeit«, Bd. 1, Frankfurt am Main 1980

Handke, Peter: Das Gewicht der Welt, Salzburg 1977

–: Am Felsfenster morgens (und andere Ortszeiten), Salzburg/Wien 1998

–: Versuch über den geglückten Tag. Ein Wintertagtraum, Frankfurt am Main 1991

–: Gestern unterwegs, Aufzeichnungen November 1987 bis Juli 1990, Frankfurt am Main 2007

–/Alfred Kolleritsch: Schönheit ist die erste Bürgerpflicht. Briefwechsel, Salzburg und Wien 2008

Hegel, Georg Wilhelm Friedrich: Einleitung. Über das Wesen der philosophischen Kritik überhaupt und ihr Verhältnis zum gegenwärtigen Zustand der Philosophie insbesondere, in: Werke, Band 2, Frankfurt am Main 1977

–: Phänomenologie des Geistes, Werke 3, Frankfurt am Main 1986

Heidegger, Martin: Sein und Zeit, Tübingen [7]1993

Heraklit: in: Diels, H./Kranz, W. (Hrsg.): Die Fragmente der Vorsokratiker, Bd. 1, Hildesheim 2004

Johnson, Uwe: Brief vom 5. Juli 1982, zitiert nach: Eva Demski, Gartengeschichten, Frankfurt am Main 2009

Kafka, Franz: Tagebücher in der Fassung der Handschrift, hg. von H.-G. Koch, M. Müller, M. Pasley, Frankfurt am Main 1990

–: Schriften Tagebücher / Kritische Ausgabe, hg. von J. Schillemeit, Frankfurt am Main 2002

Lévy, Pierre: Die kollektive Intelligenz. Für eine Anthropologie des Cyberspace, Mannheim 1997

Lichtenberg, Georg Christoph: Schriften und Briefe, hg. von W. Promies, Bd. 1: Sudelbücher I, München 1973

Melville, Herman: Bartleby, der Schreibgehilfe. Eine Geschichte aus der Wall Street, übersetzt von Elisabeth Schnack, München 2002

Metzinger, Thomas: Being No One. The Self-Model Theory of Subjectivity, Cambridge, Mass., 2003

–: Der Ego-Tunnel. Eine neue Philosophie des Selbst: Von der Hirnforschung zur Bewusstseinsethik, Berlin 2009

Moritz, Karl Philipp: Anton Reiser. Ein psychologischer Roman, Frankfurt am Main 1979

Müller, Herta: Spruch bei einer Lesung im Literarischen Colloquium Berlin, 11. November 2009

Nietzsche, Friedrich: Menschliches, Allzumenschliches, Kritische Studienausgabe (KSA), Bd. 2, hg. von Giorgio Colli und Mazzino Montinari, München [2]1988

–: Die fröhliche Wissenschaft (»la gaya scienza«), KSA, Bd. 3

–: Also sprach Zarathustra, KSA, Bd. 4

–: Götzen-Dämmerung, KSA, Bd. 6

–: Nachgelassene Fragmente 1880–1882, KSA, Bd. 9

Paul, Jean: Sämtliche Werke, Historisch-kritische Ausgabe, Abt. 2: Nachlaß, Weimar 1936, Bd. 5

–: Sämtliche Werke, Historisch-kritische Ausgabe, Abt. 2: Nachlaß, Weimar 2000ff., Bd. 8

Platon: Der Staat, Griechisch und Deutsch, nach einer Übersetzung von Friedrich Schleiermacher, Sämtliche Werke V, Frankfurt am Main 1991

Rilke, Rainer Maria: Die Gedichte, Frankfurt am Main [15]2004

Rorty, Richard: Die Schönheit, die Erhabenheit und die Gemeinschaft der Philosophen, Frankfurt am Main 2000

Rouvel, Kristof: »Werde, der du vorgibst zu sein!« – Vom Leben als Theater zum philosophischen Problem der Authentizität. Gastvortrag am 9. November 2006 im Philosophischen Garten im Rahmen der Reihe Philosophie im Palais der Stadtbücherei Stuttgart

Seneca, Lucius Annaeus: Briefe an Lucilius über Ethik: 8. Buch / Epistolae morales ad Lucilium: Liber VIII, hg. u. übersetzt von Rainer Rauthe, Stuttgart 1991

Sloterdijk, Peter: Die Verachtung der Massen. Versuch über Kulturkämpfe in der modernen Gesellschaft, Frankfurt am Main 2000

–: Du mußt dein Leben ändern. Über Anthropotechnik, Frankfurt am Main 2009

Strauß, Botho: Die Fehler des Kopisten, München 1997

–: Vom Aufenthalt, München 2009

Surowiecki, James: The Wisdom of Crowds. Why the Many Are Smarter Than the Few and How Collective Wisdom Shapes Business, Economies, Societies and Nations, New York 2004

Swift, Jonathan: Gedanken über verschiedene Gegenstände erbaulicher und ergötzlicher Art, in: Ausgewählte Werke in drei Bänden, hg. von A. Schlösser, Frankfurt am Main 1972

Vauvenargues, Marquis de, Luc de Clapiers: in: Die französischen Moralisten, hg. und übersetzt von F. Schalk, Bd. 1, München 1973

Valentin, Karl: Mein komisches Wörterbuch, hg. von Dieter Wöhrle, München [4]2009

Woolf, Virginia: Ein eigenes Zimmer / Drei Guineen, Frankfurt am Main 2001

Dank

Ich danke meinem Bruder Andreas für die erwünschte unbarmherzige Kritik, die er als erster Leser des Manuskripts konstruktiv vorgebracht hat. Für bereichernde Hinweise danke ich Waltraud, Hubert, Catrin und Alexander. Für eine physikalische Einschätzung und für inspirierende Gespräche übers Universum danke ich Volker Springel. Für die stets anregenden, freundschaftlich-kritischen Gespräche während der letzten Jahre danke ich meinen Kollegen aus dem Karlsruher Kreis von Peter Sloterdijk und der Hochschule für Gestaltung: Marc Jongen, Christoph Narholz, Cai Werntgen und Yana Milev.

M. M.

West-östliche Betrachtungen

SAID
DAS NIEMANDSLAND
IST UNSERES
West-östliche Betrachtungen
112 Seiten. Geb. mit SU
ISBN 978-3-424-35033-3

SAID verstrickt Morgen-
land und Abendland in ein
Gespräch über gemein-
same Wurzeln, berühmte
Grenzgänger zwischen den
Kulturen und über Perspektiven für eine respektvolle
Annäherung. Eine Sammlung
persönlicher und doch hoch-
politischer Texte.

Diederichs
Wissen der Welt